自治体職員のための

入門

デジタル技術活用法

一般社団法人 行政情報システム研究所
主席研究員
狩野英司［著］

ぎょうせい

は じ め に

　日本社会は、少子高齢化と生産年齢人口の減少が深刻化する人口縮減時代に差し掛かり、従来の存立基盤が大きく揺らぎつつあります。自治体の運営もまた、社会保障やインフラ維持に係るコストの増大、税収や働き手の減少などに伴って厳しさを増しており、多くの小規模自治体が消滅可能性都市と目されるに至っています。こうした中、自治体業務の生産性と住民サービスの水準を維持・向上しつつ、社会構造の多様化・複雑化に伴って発生する地域課題に的確に対処していくためには、これまでの延長線上にはないアプローチも選択肢として考えていくことが必要となります。その切り札の一つとして、近年、自治体での関心が高まっているのが、AI（人工知能）やロボティクス（ロボット技術）、IoT（インターネット・オブ・シングス）などのデジタル技術の活用です。

　これらのデジタル技術は従来のICT（情報通信技術）とは大きく異なります。従来のICTには、情報システムの導入を通じて業務やサービスの効率化を図るという一定の方向性がありました。このため、必ずしも課題認識や目的が明確でなくとも、自治体職員に情報システムの利用を徹底できれば、大抵はそれなりの効果を出すことができました。これに対し、デジタル技術は、技術の種類、用途によって、方向性が全く異なってきます。活用に当たってはそもそも何が課題なのかを探索し、定義しなくてはならず、解決に向けたアプローチも無数にあります。そこを曖昧にしたままサービスを開発しても、ほぼ確実に失敗します。他方で、AIを利用した議事録作成システムのように、利用機関ごとに一から開発を行う必要のない、用途が明確な、パッケージ化されたサービスを利用できる場合もあります。この場合は通常のモノやサービスと同様に、費用対効果で購入の有無を決めれば済みます。

　このようにひと言で括れないほど多様で、掴みどころのない技術であるがゆえに、それらを活用していくためには、どんな技術が、どんな場面で役立つのかについて、一定程度の知識が必要となります。しかしながら、こうした知識については、AI、IoT、といったように技術ごとに様々な記

事やレポート、書籍が刊行されているものの、自治体職員の目線で技術の全体像を俯瞰し、比較検討できる形では整理されていません。自治体職員は手探り状態の中で、断片的でバイアスのかかった情報をもとに検討や判断をせざるを得ず、結果として、事業開始後になって、選んだ技術が課題解決に役立たないことが判明したり、前提条件の軌道修正を重ねる中でプロジェクトが骨抜きになる、といったことが起きています。しかも、これらの技術を活用するためには、新興のデジタル技術だけを理解すれば済む訳ではなく、既に広く普及しているデジタル技術、例えばスマートフォンやタブレット端末などのスマートデバイス、LINE や Facebook、Twitter などのソーシャルメディア、ビッグデータ解析なども視野に入れる必要があります。そこまでを個々の自治体職員が独力で調べて身に付けるのは、かなり難しいと言わざるを得ません。自治体職員は技術知識の習得ばかりに時間を割くわけにはいきません。

　本書はこうした状況下にある自治体職員に対し、デジタル技術活用の検討に最低限必要になると思われる基本的な知識を、ひと通り体系的に身に付けていただくために書いたものです。本書をひと通り目を通していただければ、現在、どのようなデジタル技術が、自治体のどの用途で利用可能になっているのかを俯瞰できるようになり、デジタル技術というものに対して、かなり見通しが利くようになるはずです。また、目次から必要な箇所のみを参照いただくだけでも、関係する部署で業務・サービス改善を検討するに当たっての助けになると思います。

　File 1 では主要なデジタル技術ごとに、自治体職員として最低限知っておくべき基本知識を整理しています。といってもテクニカルな内容ではなく、あくまで技術の利用者としての自治体職員の観点からの解説となっています。

　File 2 から File 4 では、自治体職員にとっての課題を起点に、それぞれの課題を解決するためにどのようなデジタル技術が活用されつつあるのかを、主要な用途を一通りカバーする形で解説しています。

　File 5 では、実際に読者がデジタル技術活用のプロジェクトに携わるこ

とになった場合に必要となる検討のアプローチについて、エッセンスをまとめています。

　File6では、すべての自治体職員に関わってくる、デジタル時代における自治体職員の人材確保・育成の在り方を論じています。

　末尾には用語集も付けています。自治体職員の利用を想定してオリジナルに作成したものですが、一般的な利用にも耐え得る内容にはなっているはずです。行政の文脈において、それぞれの技術がどんな意味を持つのかを一言で知りたい方の参考になると思います。

　本書の想定読者は、第一に、自治体において現状の業務・サービスの見直しに関心を持っている職員の方です。業務・サービス改善の課題はあらゆる部門にあるので、関心さえお持ちであれば、どの職種の方にも参考にしていただけると考えています。既にICTに詳しい方には、部分的には易しすぎて物足りないと感じられるかもしれませんが、ユーザー目線での知識の抜け漏れを補完する上では一定の役に立つのではないかと思います。このほか、自治体職員以外でも、自治体の業務・サービスに何らかの形で関わるIT企業やコンサルティング会社、研究機関、NPO法人等の方々にとっても、自治体の業務・サービスのあり方を自治体職員目線で考えたり、改善を提案したりする上での一助になると考えます。

　本書を読んでいただくに当たってICTに関する予備知識は特に必要ありません。これからのデジタル技術は、情報部門だけのものではなく、すべての部門の職員にとって必要な基本リテラシーとなっていきます。様々な部門の方が本書を利用して自治体の業務・サービス改革に向けた一歩を踏み出していただければ、筆者として望外の喜びです。

2020年5月

一般社団法人　行政情報システム研究所

主席研究員　狩野　英司

Contents

あとがき

File1

デジタル技術の
基本知識

現在、発展を遂げつつあるデジタル技術はきわめて多岐にわたりますが、いくつか共通の特徴があります。

　まず、これらの技術は、デジタルデータを素材として、職員による意思決定の支援やきめ細かいサービスの提供といった付加価値を生み出します。これにより、従来のICTでは手が行き届かなかった様々な課題の解決に貢献できる可能性が出てきました。次に、これらの技術は技術同士がデジタルデータを介して繋がることで、相乗効果を生み出していきます。したがって単独の技術だけを注目しているだけでは不十分であり、ある程度、体系的に技術を俯瞰することが必要となってきます。最後に、デジタル技術には出発点とすべき共通の課題認識がありません。ICTは業務やサービスの効率化という共通課題があったのに対し、デジタル技術は課題の探索から始めなければ真に活用することはできません。

　本章では、現在、発展しつつあるデジタル技術のうち、特に行政分野で実際に利活用に向けた取組みが進展している技術の基本的な知識を、技術同士の関係性も視野に入れながら俯瞰的に解説していきます。

デジタル技術はデータを介して繋がることで相乗効果を発揮する

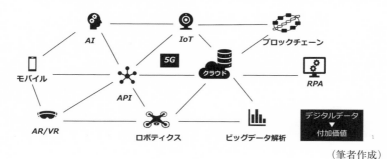

（筆者作成）

<コンテンツ>

File1.1 なぜ今、デジタル技術なのか

> 今、デジタル技術が必要とされる理由は、①住民の行政に対する
> 期待水準の変化、②行政の制約条件の変化、③差し迫った現場の
> 課題の存在の3つ

　AI（人工知能）、IoT（インターネット・オブ・シングス）などの
デジタル技術への関心は、ここ数年で急速に自治体の間に広がりまし
た。その直接の契機となったのはもちろんデジタル技術の技術革新と
実用化の進展ですが、それだけでなく、自治体側の課題認識の変化も
大きく作用しています。特に大きな影響を与えていると考えられるの
は、住民の期待水準の変化、行政の制約条件の変化、そして差し迫っ
た現場の課題の存在です。

I　住民の期待水準の変化

　我々の生活において、デジタル技術は今やなくてはならないものと
なっています。我々は日常的に、スマートフォンやタブレット端末を
通じて、ウェブサイト検索、ソーシャルメディア、商品レコメンド、
チャットボット等々、様々なウェブサービスを使いこなしています。
他方で、例えば「AI技術」と聞くと、まだ我々の日常とは縁の遠い
技術のように感じる方も少なくありません。しかし、実際には、これ
らのほとんどのサービスでは、何らかの形で、AI技術の一類型であ
る機械学習の技術が使われています。既に我々は毎日のようにAI技
術を利用して生活しているといえます（図表1-1-1）。

3

図表 1-1-1：生活に浸透する AI 技術

人物識別
ウェブサイト検索
メール文自動作成
価格レコメンド
チャットボット
商品レコメンド
仕事レコメンド
音声アシスタント
スマートスピーカー
ソーシャルメディア
機械翻訳
同時機械通訳
ウィルスソフト
働き方・生活改善指導

（筆者作成）

　このように、住民のライフスタイルがデジタル技術を用いたサービスの浸透によって大きく変化する中、行政サービスはその変化に追いつけていません。その結果起きているのは、提供されている「サービス」の官民間でのギャップの拡大です。住民は今や、民間サービスを通じて、いつでも、どこでも、必要な情報やサービス、商品を受け取ることが可能となっています。必要な情報はウェブサイト検索で瞬時に入手できますし、旅行の申込みも、商品の注文も、その場で、ものの数分もかからずにできてしまいます。こうした生活を送っている住民に対し、今後とも行政機関が、

☑行政の都合で策定された難解なルールを読解し、

☑それに対応した書類を自力で作成し、

☑会社の勤務時間中に窓口に並び、

☑処理完了まで何日も待たせること

を求めることはいつまで許されるか、ということです。

　シンガポールは世界で最も電子政府が発達している国の一つですが、以前、同国の政府 CIO（情報最高責任者）に、なぜ行政のデジタル化を推進するのかを質問したとき、彼の答えは、"官民のサービス

のギャップの拡大を放置することは許されない"、というものでした。行政が住民の支持を得て的確に施策を推進するためには、そして、自治体が住民に選ばれ、住み続けてもらうためには、住民サービスの水準に気を配ることが不可欠です。

Ⅱ　行政の制約条件の変化

　2018年に総務省は、「自治体戦略2040構想研究会」の報告書を公表しました。その中で、今後、自治体は人口縮減に伴って、社会保障やインフラの維持が困難になり、かなりの割合の中小自治体が加速度的に衰退していくとの見通しが示されています。これに対し、今から抜本的な対策を講じることの必要性が提言されていますが、その柱の一つとして、AIやロボティクス（ロボット技術）の活用によって、今の半分の職員数で現状のサービスの水準を維持することが必要と指摘しています。実際には、自治体によって必要となる対応の内容も水準も異なりますし、AIやロボティクスを使ったからといって生産性を二倍にできる保証はないのですが、政府として、デジタル技術が自治体の維持・存続にとって大きな意味を持つと認識していることがうかがえます。

　長年にわたる人員削減と支出抑制の下、多くの自治体の現場では、厳しい人員体制、予算で業務・サービスを維持せざるを得なくなっています。その一方で、経済社会構造の変動に伴って地域課題は多様化・複雑化しており、自治体に期待される役割は拡がり続けています。かつては存在しなかった、あるいは行政が介入すべき対象と見なされていなかった問題、例えば、独居老人の孤独死や医療難民、家庭内暴力や待機児童といった社会問題が次々に表面化し、行政として放置する

1　チャン・チョウ・ハゥ「インタビュー：シンガポール政府におけるデジタル変革」『行政＆情報システム』2017年2月号
2　総務省 自治体戦略2040構想研究会　「自治体戦略2040構想研究会 第二次報告」（2018）

ことが許されなくなっています（図表 1-1-2）。こうした状況下で、デジタル技術が問題の解決に寄与する可能性があるとしたら、それを知りつつ、選択肢として無視するような"贅沢"は、今後許されなくなるでしょう。

図表 1-1-2：行政課題の多様化・複雑化

・都市部への人口集中	・交通渋滞
・少子化・生産年齢人口減少	・通勤混雑
・高齢化	・老朽化マンション
・老年単体世帯の増加	・近隣関係の希薄化
・外国人の増加	・町会・自治会等の加入率低下
・要介護認定者の増加	・児童虐待
・生活保護者の増加	・いじめ
・待機児童の増加	・インフラの老朽化
・医療費の増大	・商店街の衰退…
・孤独死の増加	

（出典：東京都総務局行政部 第4回東京の自治のあり方研究会 「基礎データ
　から読み取れる東京の現状と主な意見」(2010) をもとに筆者作成）

Ⅲ　差し迫った現場の課題の存在

　2018 年度、筆者は、（公財）東京市町村自治調査会と（一社）行政情報システム研究所による共同調査「基礎自治体における AI・RPA 活用に関する調査研究」に参画しました。既に AI や RPA（ロボティック・プロセス・オートメーション）導入に取り組んでいる自治体に対して行ったヒアリングの中で、これらのデジタル技術を導入した動機を聴取したところ、その理由は大きく以下の5つでした。

①　業務負荷の軽減
　主に、業務の繁忙期における負荷の集中を回避したいとの要望です。従来の ICT（情報通信技術）では実現できなかった業務の効

率化が、AI・RPA であれば実現できるのではないかとの期待がかけられています。

②　働き方改革への対応

自治体でも働き方改革が大きな行政課題となる中、その実現手段の一つとして AI・RPA が位置づけられています。

③　知識・ノウハウの継承

長年にわたり自治体業務を支えたベテラン職員の退職によって知識や経験が失われる前に、デジタル技術を活用して、組織として継承しようとするものです。

④　社会的弱者の支援

過疎地域の高齢者、生活の支援を必要とする人々、介護や看護を必要とする人々などへのきめ細かなサポートを実現していこうとするものです。

⑤　情報の伝達

自治体からの情報が行き渡りにくい外国人や高齢者などの情報弱者とのコミュニケーションを確保しようとするものです。

上記の動機の背景となる状況は、自治体のどの部門でも起きているものです[3]。実際に、AI や RPA の対象部門はあらゆる部門にまたがっています。今後、自治体職員にとってデジタル技術の活用は、
☑住民の期待に応え続ける
☑自治体を巡る環境の制約を克服する
☑差し迫った数々の現場課題を解決していく
ために、どのような部門・事業であっても、また、どのような行政課題への対応であっても、常に選択肢として検討すべき課題となりつつあります。

3　総務省 スマート自治体研究会「スマート自治体研究会（第 5 回）事務局提出資料 1」（2019）

File1.2 デジタル技術とは何か

デジタル技術：デジタルデータ[*]の処理を通じて、新たな付加価値
を生み出す技術

Ⅰ　デジタル技術とは

　デジタル技術は、元々デジタルデータを処理する技術全般を指す概念として、昔から存在していましたが、最近の AI や IoT の台頭とともに、新たな意味づけを与えられています。これは ICT との対比で考えるとよいと思います（図表 1-2-1）。従来の ICT は、事業者名や住所などの情報 / データを処理（検索・抽出・結合など）し、結果を出力する技術でした。これにより仕事の生産性は飛躍的に向上しましたが、あくまで職員の入力指示どおりに情報 / データの処理結果を出力するにとどまっていました。

　これに対し、現在のデジタル技術は、画像や音声などのデジタルデータの処理を通じて、職員の意思決定の支援や、きめ細かいサービスの提供、今まで見えていなかった課題の発見といった、新しい付加価値を生み出します。そして、入力に用いるデジタルデータが豊かなものになるほど、多様で、高度な付加価値を生み出すようになります。デジタル技術も ICT の一類型であり、入力・処理・出力というプログラミングの 3 要素で構成されるという基本原理は変わりませんが、デジタル技術では、用いられる素材も、処理内容も、生み出される付加価値の豊かさも大きく異なってくるのです。

　本書では、こうした技術を総称してデジタル技術と呼ぶこととします。

＊本書では必要な場合のみ、機械が処理するための形式のデータをデジタルデータ、人間が処理するための形式のデータを情報 / データと分けて呼ぶこととします。

図表 1-2-1：ICT とデジタル技術の違い（意義）

デジタル技術はデータの処理を通じて新たな付加価値を生み出す

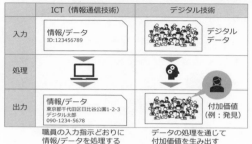

（筆者作成）

Ⅱ　ICT からデジタル技術へ

　経済社会を大きく変えつつある現在のデジタル技術と、従来の ICT では、技術によって解決できる課題の種類が異なってきます。行政の業務・サービスにおける技術の活用は、解決できる課題の対象の拡大に伴って、大きく次の 3 段階で発展してきました（図表 1-2-2）。

図表 1-2-2：ICT とデジタル技術の違い（解決できる課題）

デジタル技術の役割は地域課題の解決にまで拡大

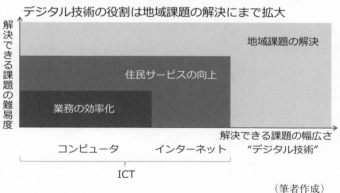

（筆者作成）

① コンピュータによる業務の効率化

　1960年代に官庁へのコンピュータの導入が本格化した当時から、取組みを通じて目指したのは、大量の事務を高速処理することによる行政事務の合理化でした。この役割は、現在に至るまであらゆるICT活用の基礎であり続けています。今でも自治体職員の多くがICTと聞いてまず想起するのは、この役割でしょう。

② インターネットによる住民サービスの向上

　20世紀末に始まったインターネットの爆発的な普及は、行政にも変革を促すようになりました。2001年に、いわゆるIT基本法（高度情報通信ネットワーク社会形成基本法）が施行されたのを皮切りに、電子申請の導入をはじめ、住民サービスを直接インターネット経由で提供する取組みが本格化しました。ホームページの利用が一般的になり、図書館サービスや施設予約もオンライン化され、さらにTwitterやFacebookなどのソーシャルメディアも利用されるなど、ICTは行政と住民のコミュニケーションのあり方を大きく変えました。

③ デジタル技術による地域課題の解決

　従来のICT導入の目的は、基本的には既存の業務処理やコミュニケーションをデジタルに"置き換える"ものでした。また、それらを組み合わせることで、サービスの開発や改善、強化を実現する取組みでした。これに対し、デジタル技術はデータから新たな付加価値を生み出します。AIはときに人間以上の高い精度で、識別や予測を行います。IoTは人間の知覚を現実世界に拡張します。ブロックチェーンは記録の真正性を"仕組み"によって担保します。こうして生み出された付加価値によって、地域課題の解決にデジタル技術が直接貢献できるようになったこと、それが、過去のICTとの大きな違いです（図表1-2-3）。

図表 1-2-3：ICT とデジタル技術の違い（機能）

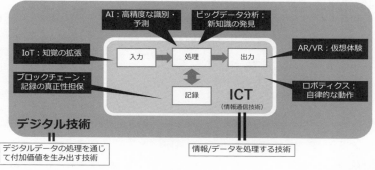

（筆者作成）

Ⅲ 技術を導入するだけでは課題は解決できない

　デジタル技術を活用して課題解決を図るためには、課題の本質を深く掘り下げて特定すること、データ起点で課題を捉え、解決策を導出すること、課題に即したデジタル技術を適切に組み合わせることが必要です。これを言い換えると、デジタル、データ、デザインの「3つのD」を組み合わせることが重要ということになります（図表1-2-4）。これが何を意味するのかは、File5で説明することとし、ここでは、技術を活用するだけでは課題解決はできないという点を指摘するにとどめておきます。

図表 1-2-4：行政サービス改革のための3つのD

（出典：英国 Policy Lab ウェブサイトをもとに筆者作成）

File1.3 AI（人工知能）技術

> AI（人工知能）技術：人間と同等以上の精度で、識別や予測等
> の判断を代行又は支援する技術

I AIとは何か

　数あるデジタル技術群の中でも、最も行政を変える潜在力が大きい技術はAIでしょう。他のデジタル技術、例えば、RPAは定型的な繰り返しの業務に向くなど、適用範囲に何らかの制約がかかるのに対し、AIにはそうした制約はなく、単純な識別から高度な予測まで幅広く人間の判断の領域をカバーします。また導入対象となりうる業務の範囲も自治体のあらゆる業務にまたがっています。このような奥深さと汎用性を兼ね備えるAI技術は、既に2019年1月時点で200を超える自治体で実証実験や本格導入が実施済み又は実施予定とされており[4]、その数は現在も増えつつあります。

　AIは単なる道具としてのソフトウェアではありません。この見方はAIを過小評価しています。他方で、AIに人間のような知性が宿っているわけでもありません。この見方はAIを過大評価しています。ひと口にAIといっても、様々な技術が含まれています。AIという言葉は、境界のあいまいな技術群全体をさす総称でしかありません。その中で、現在自治体で実用化されているAIには、大きく機械学習型AIと、ルールベース型AIとがあります（図表1-3-1）。

　現在のAI技術の中心となっているのは、機械学習というデータ分析手法です。機械学習型AIは、大量のデータに内在するパターンや傾向から抽出した一種の判断基準（学習済モデル）に基づいて、識別

4　総務省スマート自治体研究会「スマート自治体研究会（第5回）事務局提出資料1」（2019）

や予測などの判断結果を導き出します。例えば、正常な道路の写真と、補修が必要な道路の写真に、補修の要否をタグ付けして学習させることで、補修が必要な道路の特徴を学習させ、新しく示した道路の写真についての補修の要否を判別できるようにします。

　これに対し、ルールベース型 AI では、判断の仕組みをデータから導出するのではなく、人間が判断基準を設定します。この点だけを見ると通常のソフトウェアと変わらないように見えますが、大量の知識を体系的に整理し、対話等を通じて、あいまいな要求を絞り込み、必要とする知識を導出できるようにします。1980 年代に起こった、かつての第 2 次 AI ブームにおいて知識ベースと呼ばれていた技術の一類型に、近年の自然言語処理技術（自然文に構文解析等を行って意図等を抽出する技術）等が組み合わさり発展してきたものです。住民からの特定業務領域への問合せに自動応答するチャットボットはその一類型と言えます。

図表 1-3-1：ルールベース型 AI と機械学習型 AI

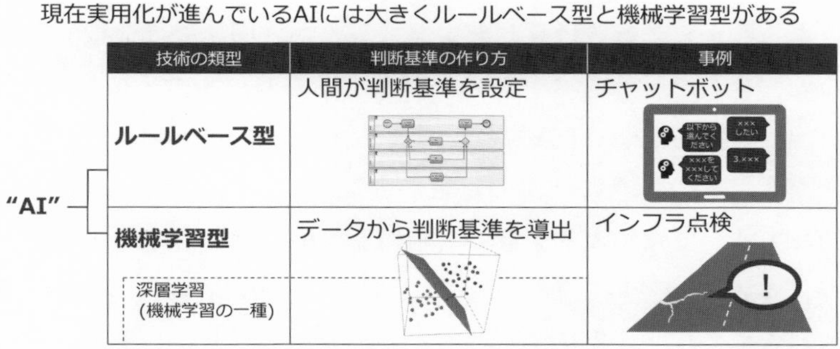

現在実用化が進んでいるAIには大きくルールベース型と機械学習型がある

（筆者作成）

Ⅱ　AI の定義

　元々 AI という言葉に学術上の一定の定義はなく、研究者が10 人いれば10 通りの定義がある状態でした。そうした中、2017 年 12 月

に公布された官民データ活用推進基本法によって、我が国で初めて
AI技術に法律上の定義が与えられました。同法でAI技術は次のよ
うに定義されています。

「人工知能関連技術」とは、人工的な方法による
　(a)学習、推論、判断等の知的な機能の実現　及び
　(b)人工的な方法により実現した当該機能の活用　に関する技術
（官民データ活用推進基本法　第2条第2項より抜粋、加工）

　2010年代に入ってから本格化した、いわゆる「第3次AIブーム」
を牽引したのは、機械学習の一類型である深層学習（ディープラーニ
ング）でした。従来の機械学習では判断を行うための特徴点（特徴量）
を人の手で設定していたのに対し、深層学習では、特徴点が自動的に
抽出されます。その結果、短期間で学習済みモデルを構築できるよう
になるとともに、人間以上に高い精度、あるいは人間には見えない特
徴を捉えることも可能となり、AIによる判断の高度化や自動化のレ
ベルが飛躍的に向上することとなりました。こうしたブームが背景と
してあったからこそ設けられた定義でしたが、同法では機械学習だけ
でなく、推論を行うシステムの一類型であるルールベース型AIを含
めた幅広い技術群がAI技術として含まれる形になっています。
　ただし、このように技術の対象が広範囲にわたっているうえ、「人
工的な方法」では抽象的すぎて実用的な説明にはなっていません。そ
こで、本書ではAI技術を、「人間と同等以上の精度で、識別や予測
等の判断を代行又は支援する技術」と定義することとします。

Ⅲ　AIの用途

　行政においてAIが判断を代行又は支援し得る用途としては、大き
く①分類・情報抽出、②評価・判定、③異常／不正検知、④予測・シ
ミュレーション、⑤マッチング、⑥レコメンド、⑦コンテンツ・デザ

イン生成、⑧自律制御の8つが挙げられます（図表1-3-2）。

図表1-3-2：AIの8つの用途

用途	概要	自治体での活用事例
①分類・情報抽出	情報（音声、画像、文章等）の判別や仕分け、検索を行う	文字認識、顔認識・対象物識別、議事録作成等
②評価・判定	情報（音声、画像、文章等）に基づいて、状況を的確に把握する	災害状況等の状態把握・監視・評価等
③異常/不正検知	異常や不正が発生するリスクを評価する/異常や不正の発生（の予兆）を検知する	道路損傷個所の検出、離岸流の兆候発見等
④予測・シミュレーション	将来の動向、変化等を予測する	事件・事故の予測、人流・交通量の推定等
⑤マッチング	複数の候補の中から、条件等に合致する最適な「お薦め候補」を抽出する	保育所入園者の割振り、移住希望者への候補地提示等
⑥レコメンド	随時変化する状況に合わせて、即時に対応策を判断する	ケアプラン作成、戸籍窓口問合せ支援等
⑦コンテンツ・デザイン生成	文書や図、デザイン等を生成する	文章要約、自動翻訳等
⑧自律制御	車両や機体、装置の運行や稼働を自律的に制御する	自動運転、自動運行

（出典：（一社）行政情報システム研究所　人工知能技術の行政における活用に関する調査研究（2016）をもとに筆者作成）

　これらの8つの用途はいずれも従来、人が過去の経験や知識に基づいて行ってきた、いわば人間らしい判断の領域です。このように、AIの得意領域が人間の得意領域と重なっていることがAIの大きな特徴となっています。そして、これらの用途はいずれも特定の行政分野に限定されない、幅広い汎用性があります。こうした特性が、かつてメディア等でさかんに喧伝された、AIが人間の仕事を奪うのではないかとの懸念の元の一つにもなっていると考えられます。

Ⅳ　自動化と高度化

　上記のような背景もあり、AIと聞くと、多くの人は機械が人に代わって動作する自動化を想起します。AI導入の大きな目的の一つは自動化であることは間違いありません。しかし、AIの価値はそれにとどまりません。今まで人間にはできなかったこと、例えば、今まで見えなかった事実や事象の関係性を明らかにしたり、今まで実現できなかった精度で識別や予測を行ったりします。人間の能力を拡張することで、人間ができることを強化ないし「高度化」することこそがAIの真骨頂です。基本的に、AIによって生み出される価値は、こうしたAIの2つの役割である自動化／高度化と、File 1.2で述べたデジタル技術の3つの対象領域である業務の効率化／住民サービスの向上／地域課題の解決の組み合わせによって、図表1-3-3のように説明することができます。この6象限に典型的な事例のパターンを当てはめたのが図表1-3-4です。

図表 1-3-3：AI が生み出す価値

自動化／高度化　→　業務の効率化／住民サービスの向上／地域課題の解決

（筆者作成）

図表 1-3-4：典型的な事例のパターン

役所内の業務の効率化　　住民サービスの向上　　地域課題の解決

自動化
（人間を代替）

Automation

高度化
（人間を強化）

IA: Intelligence
Amplification

①例：AI-OCR　　③チャットボット　　⑤インフラ点検

②戸籍業務回答候補
提示　　④ケアプラン作成　　⑥事故・犯罪予測

（筆者作成）

V　AIの限界と制約条件

　AIは大きな汎用性を持つ技術ではありますが、実際の用途はかなり限られています。それは、AIには次のような限界ないし制約条件があるからです。

　まず、機械学習型AIには次の３つの限界があります。

①　大量のデータが必要になること

　AIの精度を上げるためには大量のデータが必要になりますが、自治体が保有するデータで機械学習に用いることができるデータは意外に限られています。例えば、行政手続のデータを活用しようとしても、多くのの手続きは件数が十分でないうえ、既存の情報システムには、役に立つデータを出力する機能がなかったりします。

②　判断の妥当性を証明しにくいこと

　機械学習型AIでは、人の手ではなくデータから判断基準を導出する以上、出力結果を完全にコントロールすることはできません。また、判断根拠を完全に説明しきることもできません。説明可能なAIを目指した研究はさかんに行われており、ある程度まで推定することは可能となりつつありますが、80％の確からしさがあっても、

説明できない部分が20％残っているとすれば、行政上の不利益処分を住民に納得してもらうことは難しいでしょう。そうなると、おのずとAIの用途は、判断の"あたり"をつけるところまでとなり、最終判断は人間が行わざるを得ません。

③　曖昧な要件は許されないこと

　AIには利用者の意図は自然言語処理などの技術を用いることである程度抽出・分類できますが、サービス提供者の意図を斟酌してAIを構築することはできません。目的・用途を明らかにし、対象とする業務処理を一点に絞り込んで厳格に定義することが必要となります。AIは個々の判断ごとに仕組みを作らなければならず、おのずと実装できる範囲も限られてきます。

　ルールベース型では上記の①と②の条件はかかってきません。少数の知識からAIを構築することも可能ですが、あまり対応範囲が狭いと使い物にならなくなります。他方で、対応範囲を広げようとしても、質問分岐を一つひとつ作り込んでいく必要があるので、あらゆるケースを想定することは不可能です。このため、様々なパターンに対応できるが対応範囲が狭いシステムか、対応範囲は広いがちょっとした例外処理にも対応できないシステムか、のどちらかになりがちです。

Ⅵ　AIに向く業務・向かない業務

　コンピュータ・AIはこれまでにチェスの世界チャンピオン、将棋のプロ棋士、そして、囲碁の世界最高クラスの棋士を破ってきました。こうした競技ではもはや人間はAIに太刀打ちできません。しかし、これらは相手と自分がすべての情報を共有する「完全情報ゲーム」が前提となっています。あらかじめルールと目的（将棋であれば王を取る）が明確で、目に見えない情報が存在しない条件下での勝負です。人間自身がルールや目的を明確にできていないような状況では、AIに何かを判断できようはずもありません。AIを活用できるのはルー

ルと目的が明確な場合だけです（図表 1-3-5）。

図表 1-3-5：完全情報ゲームの世界と現実世界

・囲碁や将棋はあくまで「完全情報ゲーム」の世界
・現実世界はまだ広大無辺

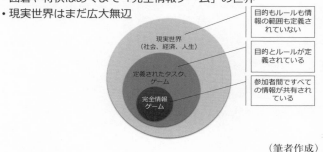

（筆者作成）

　他方で、判断基準までが決まりきっているのであれば、あえて AI を導入する必要はないでしょう。体温が 37.5 度を超えたら入院、37.5 度未満であれば退院というように線引きが決まっているのであれば、そのようにプログラムを書けば済むので、あえて AI を導入する意味はないからです。AI が向いているのは、ルールと目的が明確に決まっているが、経験と知識に基づいて判断することが求められる業務です（図表 1-3-6）。

図表 1-3-6：業務の特性に応じた AI 化の向き・不向き

AI（機械学習型）が得意とするのは、目的やルールは明確だが、処理基準は明確に設定しにくい業務

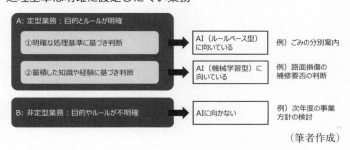

（筆者作成）

File1.4 RPA（ロボティック・プロセス・オートメーション）

> RPA（ロボティック・プロセス・オートメーション）：パソコン等の端末上で人の動作手順をそのまま再現することで実現する、定型的な反復作業の自動化

Ⅰ　なぜいま RPA なのか

　RPA は、デジタル技術の中でも、自治体での人気において AI と双璧をなす技術です。熊本県宇城市や茨城県つくば市での実証実験を皮切りに瞬く間に全国に知れ渡り、各地で実証実験が展開されるようになりました。[5][6] RPA の原理自体は AI と比べるとはるかにシンプルです。基本的には、人間のパソコン上での動作をそのままコピーし、そのままパソコン上で再現することで、大量の定型的な反復作業を自動化するものです（図表 1-4-1）。同様の機能はエクセル（Microsoft Excel）のマクロ（エクセル上で作動する自動化機能）にもありましたが、同機能はあくまでもエクセル上での作業の範囲内にとどまっていました。しかし、多くの職員にとって、本当に効率化したい定型的な反復作業のニーズは、システムへの入力、メール送付、印刷といった、ソフトウェアをまたいで行う作業にありました。この点、RPA は、エクセルに限らずどんなソフトウェアにも適用可能であり、複数のシステム間をまたいで動作することも可能です。こうした潜在的な利用者ニーズを捉えていたこと、また、最近の一種の "RPA ブーム" を背景とした市場競争の結果、利便性が向上し、使いやすいソフトウェアとしてブラッシュアップされたことで、幅広い汎用性と利便性を獲

5　宇城市「RPA 等を活用した窓口業務改革に係る調査分析等支援業務報告書」（2018）
6　総務省「地方自治体における AI・ロボティクスの活用事例」（2019）

得するに至ったのです。

図表 1-4-1：RPA のイメージ

パソコン等の端末上での人の動作手順をそのままコピーして再現することで、定型的な反復作業を自動化する技術

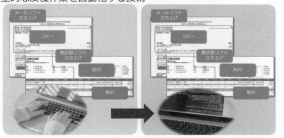

（筆者作成）

Ⅱ　RPA の特長

なぜいま RPA が注目されているのか、ここでいったんその特長を整理しておきます。

①　仕事が目に見えて楽になる

まず現場の職員にとって、今まで負担に感じていた定型的な反復作業から解放され、仕事が目に見えて楽になる点が挙げられます。特に、年間の一時期に集中して発生するような仕事の場合です。また、人為的なミスが起きにくくなり、チェックの精神的負荷も軽減されます。こうした職員にとっての直接的なメリットがあるため、RPA には導入のインセンティブが働きやすいといえます。また、導入効果も業務時間の削減やミスの発生回数の減少といった形で定量的に把握できるので、組織内での理解が得られやすい点も大きなメリットです。

②　役所の仕事に向いている

RPA は、シナリオさえ作ればすぐにでも稼働させられ、スモー

ルスタートがしやすい技術です。その気になれば職員自身でも、新しいシナリオを作ることができます。実際には外注する場合が多いのですが、その場合でも、何を外注しているのか容易に理解できることは大きな安心材料になります。

　また、そもそも RPA は、役所の仕事と本質的に親和性が高いという点も挙げられます。AI の機能の本質は判断又はその支援なので、プロセスよりも「結果」が重視されますが、RPA はいかにその「プロセス」を自動化するかという一点に特化した技術です。この点、役所はプロセス型組織の典型ともいうべき業態なので、導入に適した業務が多いといえます（図表 1-4-2）。

図表 1-4-2：RPA と AI の違い（得意領域）

RPAはプロセス型の業務に向いている → 役所はプロセス型組織の典型

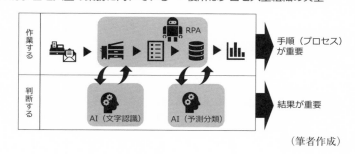

（筆者作成）

③　システム改修を回避できる

　昨今、行政におけるデータ活用が重要な政策課題となる中で、異なる部門をまたいでデータを組み合わせる処理が求められる場面が出てきています。しかしながら、複数の情報システムから出力されたデータの形式や構造を変換して結合させようとすると、途方もない手間がかかる場合があります。他方で、基幹システムなどのデータ構造そのものを改変して共通化しようとすると、ときに莫大な費用がかかってきます。こうしたとき、複数の情報システム間での

データ変換処理を RPA に代行させられれば、システムを改修することなく、データを結合できる場合があります。さらに、RPA には制度改正に伴う基幹システムの改修を、変更処理を RPA に代替することで回避できる可能性もあります。ただし、RPA を組み込んだ業務フローにさらに制度改正に伴う対応が次々に積み重なっていくと、業務フローがブラックボックス化して管理が難しくなるおそれがあるので、あまり多用すべきではありません。

このように、現場職員にとって目に見えるメリットが得られやすいことが、RPA が自治体に注目される背景となっています。

Ⅲ　RPA の限界

　RPA は夢のツールではありません。大きな成果が得られたという声もあれば、あまり使えないという声もあります。詳しくは File 2.2 で論じますが、どれだけ成果が得られるかは、事前にどれだけ業務の棚卸しがなされているか、シナリオ作りが得意な人がいるか、どんなツールを選んだか、といった様々な要素に左右されます。特に重要なのは、定型的な反復作業がどれだけあるかです。基本的に、そうした処理が大量にある業務でないと効果は見込めません。月に数回しかない、ややこしい、細切れの作業を RPA に置き換えても、効果が出る見込みはないでしょう。

　こうした前提条件に合致しない場合、無理に導入しようとしても、RPA を導入すべき業務処理が見つからない、業務分析の負担が大きすぎる、シナリオの作成が大変で維持することも難しい、システムが使いづらい、といった隘路につき当たります。RPA 導入に適した業務はそう多くはありません。組織全体の中からいかに RPA 導入に向いた業務を抽出し、スモールスタートで実績を出し、横展開していくかが重要となってきます。

Ⅳ RPA と AI

RPA は AI と混同されがちですが、次のような本質的な違いがあります。

① AI と RPA の違い（機能）

AI は「判断」を代替又は支援するのに対し、RPA は「作業」を代替します。AI は用途によっては、人間と同等以上の精度の高い識別や予測を行うことも可能ですが、RPA にできるのはあくまで定型的な反復作業に限られます（図表 1-4-3）。

図表 1-4-3：AI と RPA の違い（機能）

	機能	得意な領域	構築方法
RPA	作業する	反復・定型的な仕事	シナリオを作る
AI（機械学習型）	判断する（予測・分類）	大量のデータを取り扱う仕事	データで学習させる、又は学習済みモデルを使う

（筆者作成）

② AI と RPA の違い（適用領域）

AI は業務の効率化、住民サービスの向上及び地域課題の解決といった幅広い領域に用いられますが、RPA は業務の効率化に特化しています（図表 1-4-4）。もちろん業務が効率化されれば処理スピードが向上するので、間接的には住民サービス向上につながりますが、直接的に寄与するのはあくまで業務の効率化についてです。

図表 1-4-4：AI と RPA の違い（適用領域）

・RPAの適用領域は、自動化×業務の効率化に限られる。

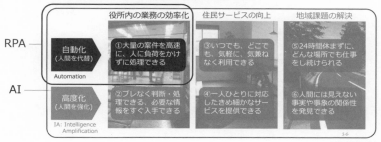

（筆者作成）

　このように RPA と AI の役割は明確に分かれています。その上で、両者は、互いに連携することで相乗効果を発揮します。典型的な用途は、File 2.3 で詳述しますが、手書き文字を AI-OCR（AI 機能付光学文字読取）を使ってデジタルデータ化し、そのデータを受け取った RPA が業務フローに流して処理していくというものです。今後はそれ以外の分岐判断でも AI が用いられ、RPA と連携していく利用方法も現れてくるでしょう（図表 1-4-2 参照）。既に民間企業ではこうした仕組みの導入に着手する企業も出てきています。

■関連する取組み
　File 2　庁内業務の効率化
　➡ File 2.2　パソコンの定型作業を自動化する［RPA］

File1.5 ロボティクス（ロボット・自動運転運航技術）

> ロボット：能動的かつ自律的に動作を行う機械
> ロボティクス：ロボットを動作させる技術群の総称

I ロボティクスの定義

　かつてロボットと聞いて想起されたのは、ドラえもんやガンダムのように、人間のパートナーとして振る舞う人型のロボットか、工場で製品を作り続ける産業用ロボットでした。しかし今やロボットは経済社会のあらゆる領域に、実用的な道具として浸透しつつあります。行政分野も例外ではなく、課題解決にとっての現実的な選択肢となりつつあります。

　ロボットという言葉には、実は一定の定義はありません。例えば、産業用ロボットと介護の現場などで活躍するサービスロボットは、全く別分野のソリューションとして発展してきたものです。他方で、これらのロボットの間にも、ある程度共通の特徴があります。それは、能動的かつ自律的に動作を行う機械であるという点です。このように定義すると、自動運転車やドローン、ソフトウェアロボットであるRPA も、ロボットの範疇に含まれることになります。実際、その機能や役割の本質は共通しているので、あえて分けて取り扱う理由もないと考えます。そこで本書では、これらを含め、ロボットを動作させるための技術群を総称して「ロボティクス」と呼ぶこととします。

　ロボティクスは全国各地の自治体で実証実験が展開されています。そこで用いられるロボティクスは大きく、公共分野の用途向けに開発された公共分野特化型と、分野を問わず活用できる汎用型とに分けることができます（図表 1-5-1）。

図表 1-5-1：ロボットの用途の全体像と類型

公共分野特化型

	産業用ロボット	広義のサービスロボット	＜公共分野での用途＞
業種別	自動車、機械、電気電子機器、樹脂・化学、金属・材料、食品等	医療、農林業、建設・鉱業、研究・試験、物流、教育、軍事、家庭・エンタメ、過酷環境（除染、深海、宇宙）等	災害対応（捜索・救助）、インフラ保守（点検）、気象・災害予測（観測）、福祉・介護（移動支援、セラピー）　等
汎用	受付・案内、搬送、運転/運航、掃除、警備・監視、RPA		

汎用型

（筆者作成）

Ⅱ　公共分野特化型

　公共分野には、災害対応、インフラ保守など現業部門を中心に、ロボティクスによる対応が期待される、特有の業務課題やニーズが数多く存在します。これらの解決には公共分野に特化した技術開発が必要となりますが、自治体の課題の多くは共通しており、全国を視野に入れればそれなりの市場規模があるので、現在、様々な民間企業が研究機関などと共同で技術開発と市場投入を進めています。公共分野に特化したロボティクスとして現在までに実証実験を始めとした導入の取組みが進められているのは図表 1-5-2 に示すような事例です。人間が近づくには危険な場所や、費用が嵩む場所で動作する自律駆動ロボット、空中からデータを収集するドローン、人間との親和性を備えたインターフェースを持つサービスロボットなど多彩なロボットの研究開発や、実用化に向けた実証実験等が進められています。

図表 1-5-2：公共分野特化型ロボティクスの活用が期待される領域の例

防災・災害対応	災害時の危険な現場での生存者の探索や救助、消火などの活動
インフラ保守	橋梁やトンネルなど人間が作業しづらい箇所でインフラを点検
気象・災害予測	ドローンなどの自律飛行装置を使って気象データを収集
福祉・介護	要介護者の寝起きや移動の支援、高齢者へのコミュニケーション機会の提供、心のケアのためのセラピーなど

（筆者作成）

Ⅲ　汎用型

　ロボットの中には、業種を問わず、どのような分野、組織でも必要とされる共通的な業務で用いられるものがあります。例えば、受付・案内、搬送、運転／運航などです。オフィスの管理業務などは自治体と企業とでそう変わらないので、企業向けに開発された技術やサービスは、そのまま自治体に転用することができます。まだ投資対効果に見合う技術やサービスは十分に出揃っていませんが、汎用性が高いがゆえに市場規模も大きく、活発に技術開発と市場投入が進められています。既に多くの自治体で、受付ロボットやドローンなどの実証実験が行われており、今後、徐々に普及していくと見込まれます。自治体で導入に向けた取組みが進められているのは、典型的なものとして図表1-5-3のような用途です。

図表1-5-3：行政機関で導入が進む汎用的なロボティクスの例

受付・案内	役所の窓口での来訪者の受付や訪問先への案内・誘導
搬送	ドローンや自律走行車両等を用いた物資の搬送
運転／運航	コミュニティバスなどの自動運転
掃除	庁舎のフロアや窓の清掃
警備・監視	庁舎の夜間の巡回警備、不審者や火災等の異常検知
RPA	端末上で行う定型的な反復作業の自動化

（筆者作成）

Ⅳ　ロボティクスとAI

　ロボット自体の歴史は古く、日本でも1960年代には既に産業用ロボットの生産が始まっています。昔から実用化されていたロボティクスが最近になって改めて注目されるに至ったのは、コンピュータの高性能化や個々の構成部品の小型化・高機能化が背景としてありますが、何よりも大きな影響を及ぼしたのはAIの技術革新、特に深層学習技術の発展です。

　例えば、AI技術による画像認識性能の向上によって、ロボットが高精度な“目”を得て障害物などの外界の状況をより精確に認識し、自律的に対応できるようになりました。また、入手した画像データを使って人の顔の識別や、災害状況の把握、インフラの点検などのデータ分析に活かせるようになり、用途の幅が大きく広がりました。AIは機体の姿勢制御にも大きく貢献しています。二足歩行ロボットが野山を走ったり、宙返りをしたりする映像をご覧になった方もいると思います。これらの動作は、姿勢や加速、着地時の地面の状態をはじめ、きわめて多くの条件が複雑に絡み合った状態の中で、的確に対応を判断しなければならないので、あらかじめ人間があらゆる条件と動作をプログラミングして対応することは困難です。これらは、AIに動作の試行錯誤を通じて自己学習させる、強化学習という手法を導入することによって、はじめて実用的なレベルの動作が可能となりました。

　ほかにも図表1-5-4のような様々な種類のAIがロボティクスの用途拡大に貢献しています。

図表 1-5-4：ロボティクスに貢献する AI

どの分野のロボットも、AIの活用による発展が期待されている

	産業用ロボット	広義のサービスロボット	＜公共分野での用途＞	活用が期待できるAI
業種別	自動車、機械、電気電子機器、樹脂・化学、金属・材料、食品等	医療、農林業、建設・鉱業、研究・試験、物流、教育、軍事、家庭・エンタメ、過酷環境（除染、深海・宇宙）等	災害対応（捜索・救助）、インフラ保守（点検）、気象・災害予測（観測）、福祉・介護（移動支援、セラピー）　等	・自律制御 ・画像認識 ・文字認識 ・音声認識 ・音声合成 ・自動翻訳 ・自動応答
汎用	受付・案内、搬送、運転/運航、掃除、警備・監視、RPA			

（筆者作成）

　今後も AI 技術の発展と歩調を合わせて、ロボティクスの技術も着実に発展していくと見込まれています。

■関連する取組み
　File4　地域課題の解決
　➡ File4.4　ヒトやモノを届ける［ドローン、自動運転］

File1.6 IoT（インターネット・オブ・シングス）

> IoT（インターネット・オブ・シングス）：インターネットとセンサーなどの機器を組み合わせて課題解決に役立つ機能を発現させる仕組み

Ⅰ　なぜいま IoT なのか

　IoT という言葉は、かつてはバズワードのように見なされていましたが、最近は完全に世の中に定着してきました。官民データ活用推進基本法でも、カタカナ言葉のまま法律的な定義が与えられていますし（同法第 2 条第 3 項）、政府が掲げる Society5.0 のビジョンでも中心的な位置づけを与えられています[7]。IoT とは、ひと言でいえば、インターネットとセンサーなどの機器を組み合わせて課題解決に役立つ機能を発現させる「仕組み」です。AI における深層学習のように特定の技術や手法があるわけではなく、個々の構成要素としては、インターネットに接続するネットワークと通信機構を備えたセンサー類等の機器があるだけであり、それら自体は目新しいものではありません。それが近年、大きな注目を集めるに至ったのは、センサー類とネットワークの低価格化、高性能化、そして、センサー類から得られたビッグデータの処理技術が洗練され、IoT の実用性と付加価値が飛躍的に高まったためです。これにより、民間企業のビジネスとしても、投資対効果に見合うようになってきました。

　例えば、設備に取り付けたセンサーから振動データを取得し、AI 技術を活用して解析することで、故障時期を予測することができます。その結果、故障修理の負担が軽減されて費用の節約につながり、

7　閣議決定「第 5 期科学技術基本計画」（2016）

投資を回収できるようになるわけです。自治体でも、ごみ処理施設の保守に関して同様に、故障時期予測の実証実験が行われています。それ以外にも、地域 ICT 化の観点から様々な IoT の活用方法が考案され、ビッグデータ分析や AI 技術とセットでの実証実験が展開されています。

Ⅱ　自治体にとっての IoT の意義

　自治体にとっての IoT の意義は、公共物の状態や公共空間での問題発生の予兆を直接把握するとともに、それらに関わる市民や職員、企業等に直接、モバイル端末等を通じて働きかけを行えるようになることです。これによって、今まで人間にはできなかった、図表 1-6-1 に示すような様々な課題解決が可能になりました。

図表 1-6-1：IoT による公共分野の課題解決の例

- ・24 時間 365 日、特定地点を観測し、異常を監視（例：河川の水位）できる
- ・人間では立ち入れないような場所（例：危険区域）の状況を観測できる
- ・人間では検知できないような微細な変化（例：設備の異常に伴う振動）を検知できる
- ・一定期間をかけてデータを収集・蓄積し、その解析を通じて、人間には見えない傾向やパターン（例：ブレーキ使用場所からの事故発生危険箇所の予測）を発見できる

（筆者作成）

　このように、災害対策、インフラの点検、気象観測、農作物の状況把握など行政と地域の接点となる様々な領域で多彩な IoT が考案され、実証実験が展開されています（図表 1-6-2）。

図表 1-6-2：経済社会に浸透する IoT

Ⅲ　IoT の役割

　Society5.0 の文脈において、IoT は現実空間とサイバー空間をつなぐ仕組みと位置づけられています。IoT には、現実空間の情報をデジタルデータ化する一方で、データ処理の結果を現実空間の活動に反映させるという双方向の役割を担い得るからです。その中で、IoT を構成する機器（以下「IoT 機器」という）そのものは基本的に 2 つの役割しか持ちません。外界の変化を感知するセンサーとしての役割と、外界に対して働きかけを行うアクチュエータ[8]としての役割です。例えば、スマートウォッチを一種の IoT 機器として捉える場合を想定してみます（図表 1-6-3）。スマートウォッチは GPS で取得した位置データをインターネット経由で自治体の災害対策本部に送信します。これは「センサー」としての役割に当たります。現在のセンサーは、人間の五感（視覚、聴覚、触覚、味覚、嗅覚）のいずれも機械的に検知可能となりつつあります。自治体側では利用者側から提供された大量の情報をもとにデータ解析を行って最適な行動指針を導出し、スマートフォンの保持者にメッセージやプッシュ通知を送信することで、避難行動を促します。これは「アクチュエータ」としての役割に当たります。IoT 機器は単体としてみればシンプルな機能しか持ちませんが、それらを仕組みとして組み合わせることで、従来実現できなかった様々な課題解決が可能となるのです（図表 1-6-3）。

8　コンピュータからの指示に基づき動作する機構

図表 1-6-3：IoT の構成要素

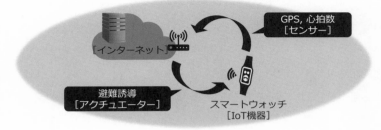

（筆者作成）

Ⅳ　IoT の実用化に当たっての課題

　IoT の実用化に当たり特に検討が必要となるのは、以下の３つの論点です。

①　ネットワークの構築

　IoT 機器とインターネットをいかに繋ぐかは、常に中心的な検討課題となります。農村部や山間部などで IoT を構築する場合、どうやって通信を確立するかを、IoT 向けの無線データ通信サービスやローカル５G などのサービスの動向等も踏まえて検討する必要があります。用途に応じた要件を満たしつつ、低コストで、メンテナンスしやすい通信網を確立することを目指します。

②　事業モデルの開発

　IoT は全国の自治体で様々な実証実験が行われていますが、本格導入に至った例はまだ多くありません。IoT は構築時のみならず、ライフサイクルを通じた運用保守にもそれなりの財政的・人的負荷がかかってきます。その負担を乗り越えて IoT の実用化を図るためには、投資に見合う効果が得られる事業モデルを構築する必要があります。IoT が機能するかどうかは、こうした事業モデルを開発できるかどうかにかかってきます。

③　セキュリティリスク

　最近特に注目を集めているのが IoT のサイバーセキュリティ上のリスクです。IoT 機器一つひとつは、小さく、脆弱であるにもかかわらずインターネットに接続されるので、サイバー攻撃の恰好の標的になりがちです。いったんウェブカメラが乗っ取られれば、情報を盗まれたり、操り人形である「ボット」に仕立てあげられて第三者をサイバー攻撃するための踏み台とされたり、誤った情報を流すようになったりします。IoT のセキュリティを担保することは、ひとり自組織の危機管理にとって必要な行為であるにとどまらず、社会に対しても一定の責任を伴う行為であるともいえます。このほか機器の物理的な故障や紛失を管理することはもちろん、ソフトウェアのアップデートや機器の定期交換も必要になります。また、事業終了後は使用済みの機器を回収し、データを消去して処分することも必要となります。

　こうしたハードルがあるがゆえに、実際に IoT を実装できる用途はかなり限られてきます。しかし、IoT がもたらす便益の可能性は極めて大きいものがあります。IoT の構築・運用コストの低下と、セキュリティ性能の向上に伴い、導入のハードルは下がっていきます。今後は、特に人命救助に関わるようなサービスについては、自治体側としても、そもそも IoT の活用を検討すらしないことは許されなくなってくるでしょう。IoT は、すべての自治体にとって現実的な検討課題となりつつあります。

■関連する取組み
　File4　地域課題の解決
　➡ File4.1　公共インフラの問題を早期発見・解決する ［市民通報システム］［IoT］
　➡ File4.5　災害から住民を守る ［AI］［IoT］［SNS/アプリ］［AR/VR］

File1.7 SNS等双方向コミュニケーションアプリ

> SNS（ソーシャルネットワーキングサービス）：双方向のコミュ
> ニケーション及びそれを基盤とした仮想的なコミュニティを形
> 成するためのプラットフォームを提供するサービス

I　住民が手にする世界最先端の技術

　スマートフォン等のモバイル端末上で我々が日常的に利用している
SNS等の双方向型のコミュニケーションサービス（以下「双方向型
アプリ」という）は以前から多くの人々に親しまれてきたサービスで
すが、その背後では、目まぐるしい技術革新が進行しています。双方
向型アプリによって提供されるサービスは、スタートアップ企業から
世界的なデジタル・プラットフォーム事業者に至るまで、無数の企業
によって提供されており、世界で最も激しい技術開発競争が行われて
いる領域の一つとなっています。双方向型アプリには、利用者から集
めた膨大なパーソナルデータを用いて開発・運用されている最先端の
AI技術が惜しみなく投入されています。

　これらのサービスを通じて次々に生み出されるコミュニケーション
やネットワークなどの新たな仕組みは、我々の生活を大きく変えてき
ました。多くの自治体でも、主として住民に向けての情報発信やサー
ビス提供の手段として、SNSの導入が進められてきました。今後は
一方通行にとどまらず、より双方向型のコミュニケーション手段とし
て、ますます重要な役割を担っていくと考えられます。本章では、行
政サービスにおいて、これらを活用することの意義を、今後の展望も
含めて解説します。

Ⅱ　SNS等双方向型アプリの用途①
　　―多様な情報発信・提供手段としての役割

　SNSを活用する自治体は年々増え続けています。既にFacebookやTwitter、LINEを通じての情報発信は一般的になっていますし、独自のアプリを提供したり、民間の企業や団体によるアプリ開発を支援したりしている自治体も少なくありません。これらのアプリを通じて提供されているサービスは、基本的には、他の民間企業と同様に、行政からの情報発信、情報提供の手段の一つとして位置づけられています。典型的なサービスとしては、以下のようなものが挙げられます。

①　リアルタイムでの情報提供ツール

　双方向型アプリは通常はスマートフォンを通じて提供されます。スマートフォンはインターネットへの接続手段として、いまや50歳未満の世代ではパソコン以上に利用されるツールとなっており[9]、行政が住民に情報を発信・提供する際に避けて通れない選択肢となっています。スマートフォンを通じて行う情報発信・提供は、一般的にはウェブブラウザよりもアプリの方が適しています。ユーザーインターフェースとして向いているだけでなく、災害時などにプッシュ通知で住民に警戒や避難を呼びかけたりできることは、アプリの大きな特長となっています。

②　非公式、カジュアルな情報の発信・提供

　双方向型アプリは、住民に行政をより身近に感じてもらうためのコミュニケーション手段としても活用されています。イベント情報やアイデア・作品の募集、観光情報の発信等のために、アプリならではの工夫が行われており、

9　総務省『平成30年度情報通信白書』（2018）

・ご当地キャラの活用

・拡張現実（AR）のサービス

・会話を楽しめる機械学習型のチャットボット

などを通じて、親しみやすく、魅力的なコンテンツを提供する取組みが行われています。

Ⅲ　SNS 双方向型アプリの用途②
―双方向的なコミュニケーション手段としての役割

　行政からの情報発信というベーシックな用途以外に、より双方向的なコミュニケーション手段、具体的には、住民側から行政に対してもコミュニケーションを行えるような仕組みが提供されています。

①　問合せ対応（総合窓口、チャットボット）

　その典型的な例が、File 1.3 でも触れたチャットボットを通じた問合せへの対応です。ウェブサイトからの情報発信は、どうしても提供者側と利用者側の間に壁ができがちですが、アプリであれば、利用者にとっての心理的抵抗感はより低くなります。その上で、チャットボットの特長として、相手が職員ではないので、住民はより気軽に質問できるようになります。最近では、LINE を使ったチャットボットの仕組みが様々な自治体に普及しつつあります。

②　市民通報システム

　道路の損傷や公共設置物の破損などの街の問題を、アプリを通じて行政に通報する仕組みを「市民通報システム」といいます。従来、こうした問題の発見は、行政がパトロールを行ったり、住民からの電話連絡を受け取ったりすることで把握・解消に努めていました。これに対し、市民通報システムでは、住民が発見した街の問題をスマホのアプリを通じて行政に通報します。スマホのカメラ画像やGPS の位置情報が活用されることで、より正確な情報を、より手

37

軽に提供することが可能となりました（図表1-7-1）。このサービスは、もともと英国で開発されたFixMyStreetというサービスが端緒となり、全世界に類似のサービスとして広がったものです。日本でも千葉市の「ちばレポ」を皮切りに導入が広がり、今では数十の自治体で運用されるに至っています。利用するソフトウェアとしては、自治体独自のアプリから、民間企業が提供する市民通報専用のパッケージ、LINEなど既存のSNSのインフラを利用するものまで様々です。

図表 1-7-1：市民通報システムによる課題解決の流れ
住民が道路の損傷などの街の問題を発見し、市民通報システム（アプリ）で役所に通報

（筆者作成）

Ⅳ　運用上の留意点

　双方向型アプリは、サービスを導入すること自体はさほど難しくありませんが、利用者に実際に登録してもらい、使い続けてもらうことは容易ではありません。利用者にアカウント登録してもらうためには、まずサービスのコンセプトづくりにおいて利用者のニーズや課題をしっかりと捉え、戦略的にブランディングとプロモーションをかけていかなければなりません。独自アプリの場合は、さらにインストールしてもらう手間も出てくるため、一段ハードルが上がります。

　次に、実際に使ってもらうためには、徹底的に利用者目線で画面と

動線を作り込まなければなりません。説明書がなければ操作できないようなアプリは、よほどサービスに魅力がない限り使ってもらうのは難しいでしょう。また、使い続けてもらうためには、継続的に魅力あるコンテンツを提供し続けることが重要です。そのためには、運用体制を整えるだけでなく、自治体内外のコンテンツ制作者のモチベーションをどう維持するか、中長期的にどのようにサービスを発展させていくかまで設計しなければなりません。

　さらに、サービス単体で考えるだけでなく、他のアプリとの関係性や整合性も考える必要があります。同じ自治体が異なるアプリを乱立させてしまうと、住民はアプリごとに別のアカウント登録をしなければならず、利便性や利用率が低下するためです。新しい技術やサービスとの連携や機能拡張を視野に入れつつ、自治体全体、さらには国、広域自治体、基礎自治体間の連携を見据えたサービスのグランドデザインを描くことが重要となります。

　SNS を利用する多くの民間企業は当然のように、こうした工夫に努力を惜しまず取り組んでいます。その努力を怠れば利用者に見放され、市場から淘汰されてしまうからです。スマートフォンの利用者にとって、行政は特別な存在ではありません。利用者に選んでもらい、使ってもらうためには、相応の努力が必要です。しかし、行政と住民の接点の中心がスマートフォンに移行しつつある以上、これは避けて通れない道です。そして、これからの自治体にとって、住民との有機的なコミュニケーションを構築していくことは、ますます意義の大きな仕事になっていくと考えます。

■関連する取組み
　File 4　地域課題の解決
　➡ File 4.1　公共インフラの問題を早期発見・解決する［市民通報システム］［IoT］
　➡ File 4.5　災害から住民を守る［AI］［IoT］［アプリ/SNS］［AR/VR］

File1.8 AR（拡張現実）/VR（仮想現実）

> AR（拡張現実）/ VR（仮想現実）：仮想空間でのコンテンツ提供を通じて、現実空間だけでは得られないような豊かな体験と情報を利用者に提供する仕組み

I　AR/VR の概要と活用領域

　AR（拡張現実）、VR（仮想現実）は、主にゲームをはじめとするアミューズメント領域での利用が技術開発を牽引してきました。自治体での用途の多くは観光プロモーションであり、これも一種のアミューズメントといってよいでしょう。しかし、AR、VR の活用可能性は、その範囲にとどまらず、より多様な領域へと広がろうとしています。公共分野での用途としては、現状以下のような領域が挙げられます。

　① 　観光・アミューズメント

　　観光やゲーム、アトラクションなどにおいて、現実世界では得られないような多様な情報や非日常的な体験を利用者に提供します。

　② 　教育・訓練

　　実際の作業を行わなければ習得できないような技能の習得、文化財や自然環境などへの深い理解を可能とします。

　③ 　作業支援

　　手を使っている作業員等が、端末のスクリーンなどに縛られずに作業指示や作業支援を受けることを可能とします。

　これらの技術はいまだ発展途上ですが、今後、自治体においても、業務やサービスの幅広い領域に浸透していくことでしょう。以降ではそのうち既に実用化に近いところにある用途を中心に、AR と VR そ

れぞれの技術について概説します。

Ⅱ　AR（拡張現実）

　AR は現実世界の画像や映像に重ねる形で、仮想的な文字や写真、動画などを表示させる技術です。2016 年に「Pokémon GO」がリリースされて大ヒットし、一躍脚光を浴びることとなりました。自治体での活用例の典型は、前述のとおり観光プロモーションとしての利用です。地域の観光資源となっている景観や文化財などに、文字や音声の解説、過去や未来の映像を重ねることで、利用者に現実以上の豊かな情報や体験を提供します。この用途は文化財の保全や活用にも資することから、文化庁でも自治体向けに AR/VR の活用ガイドを作成し、公開しています[10]。

　AR を構築するのに最低限必要となるのは、スマートフォンやタブレット端末などのモバイル端末と、インターネット環境です。無料のフリーソフトも含め、様々な AR 用のソフトウェアが利用可能となっているので、意外に導入のハードルは高くありません。既に数十の自治体が実証実験等に着手しており、大阪府岸和田市のように、ほぼ職員が手作りで構築したような事例もあります。なお、同市は独自に行った AR/VR の自治体での利用に関する調査研究報告書も公開しています[11]。

　観光分野以外でも、ユニークな用途として、道路上の施設の点検を AR 上で行うことを目指した実証実験も報じられています。現実世界のモノを特定する場合、いったん位置情報などの数値データを地番などの文字情報に変換して確認しなければなりませんが、AR を用いることで直接、拡張現実の空間の中で両者の照合確認ができるわけです。これはデジタル技術を通じた広義でのコミュニケーション手段の

10　文化庁「文化財の観光活用に向けた VR 等の制作運用ガイドライン（平成 29 年度）」(2018)
11　岸和田市「行政ツールとしての AR 導入の可能性」に関する調査研究（2018）

拡張の一つといえるでしょう。

　今後も現業部門を中心に、業務やサービスを変革し得るツールとして、行政機関のみならず、地域の企業や観光関係団体、大学等とのコラボレーションによって様々なサービスが開発され、活用されていくと見込まれます。

図表 1-8-1：AR による街のスポット案内のイメージ

（筆者作成）

Ⅲ　VR（仮想現実）

　VR は、視界や音をヘッドセット等で覆った上で、デジタル技術で人工的に生成された視覚・聴覚の情報を利用者に流し込み、あたかも仮想的な空間の中にいるかのような体験を提供します。AR と異なり現実世界と遮断されるため、非日常空間に没入できるところが特徴です。

　VR が最も発展している領域は冒頭で触れたゲームやアミューズメントなどの領域ですが、徐々に他の領域にも用途が広がりつつあります。特に期待されているのが、現業部門での技能を要する現場での教育訓練です。座学だけでは習得が難しい技能を伝えるのに VR は適しており、民間企業では、航空機の操縦訓練や機械の組立てなどの訓練に VR が用いられています。こうした訓練は、現実に行おうとすれば、

様々な機材や環境、インストラクター等を用意しなければならないので、コストがかかりますし、それほど高い頻度で行うこともできません。また、技能を持つ熟練者による技術承継が行えずに引退してしまえば、せっかくの知的資産が永久に失われてしまいます。VRを活用し、一度技能訓練のプログラムをコンテンツ化できれば、以後はきわめて効率的、かつ安定的に、技能を習得する環境を提供し続けることが可能となります。日本の行政での利用はまだ消防士の訓練など一部の領域で実証実験が始まったばかりですが、海外の事例として、例えば米国では軍隊や警察での訓練に導入されています。

　今後、日本においてもこれらの領域をはじめ、技能を必要とする現業部門を中心に様々な用途が開発されていくことが期待されます。その際、次世代移動通信システムとなる5Gの普及が一つの起爆剤になる可能性があります。VRの世界を実現するには大量・高速なデータが必要になるので、現在のインターネット環境では、安定的・スムーズにVRを利用することは困難な場合があります。こうした制約は、5Gの普及によって突破されていくと見込まれます。

　なお、VRは行政自らによる用途以外に、地域における工業、工芸、農業等における技能の訓練・継承に活用できる可能性も出てくると考えられます。こうした用途での活用を支援していくことも地域振興の観点からは大きな意義を持つようになると考えられます。

■関連する取組み
　File 4　地域課題の解決
　➡ File 4.5　災害から住民を守る［AI］［IoT］［SNS/アプリ］［AR/VR］

File1.9 ブロックチェーン

> ブロックチェーン：暗号技術と分散管理技術を組み合わせること
> で、記録の真正性を担保する仕組み

I ブロックチェーンの本質的価値

　ブロックチェーンはデジタル技術の中でも最も理解が難しい技術の一つです。その本質は、記録の真正性を組織や人ではなく"仕組み"によって担保することです。ただ、これだけでは、ブロックチェーンになじみのなかった方には、ピンとこないかと思います。

　行政に対して届出や登録を行った事実、許認可を得た事実、税金を支払った事実などは行政内の何らかの台帳に記録され、以後の行政機関と住民との間の関係性の基礎となります。

　では、その記録が真正であることは何によって担保されているのか。その記録が改ざんされていないと信じられるのは何故なのか。それはいうまでもなく、台帳を管理しているのが他ならぬ行政機関であり、国民の多くが日本の行政機関が行う記録は正しいと信用しているからです。何をいまさらと思うかもしれませんが、世界には政府が信頼するに足る組織ではない国・地域はいくらでもあります。

　例えば、台帳を管理するのが腐敗した独裁政権や内戦地帯の武装勢力であったとすれば、どこまで信用できるのかということです。行政機関の記録の真正性は、他でもない、組織や権力者への信用によって成り立っているわけです。

　これに対し、ブロックチェーンは"仕組み"によって記録の真正性を担保します。近年、ブロックチェーンは国際連合等の国際機関のイニシアティブにより、難民キャンプでの援助物資配給のためのID管理などで活用されていますが、これは組織や人への信頼がないところ

での個人の記録保全に役立つと考えられているからです。

Ⅱ　ブロックチェーンの仕組み

　ブロックチェーンの仕組みを分かりやすく、かつ、正確に説明することは簡単ではないのですが、前者に力点を置き、思い切って単純化すれば、次のようにいえると思います。

　組織における業務は事務処理の連続で成り立っています。それぞれの処理、例えばある文書を電子台帳に登録する場合、その登録情報には作成者や作成日時、組織、文書の属性など様々な情報が含まれます（文書の内容自体は台帳には記録されません）。ブロックチェーンでは、一回の登録処理で用いられるこれらの一連の登録情報のまとまりをブロックと呼びます。ブロックを作成する場合、その中には、直近の登録処理で作成されたブロックから生成されたハッシュ値も含めるようにします。

　ハッシュ値とは、元となるデータから一定の計算手順によって導出された、規則性のない何桁かの数値です。同じデータからは同じハッシュ値が導出されますが、データにわずかでも変化があると全く別の数値になり、容易に検出できるという特徴があります。これにより、生成されるブロックをハッシュ値によって数珠つなぎに繋いでいくことで、あるブロックを改ざんしようとすれば、過去に連なるすべてのブロックも改ざんしなければならないようにします。こうして、非常に堅固な改ざん防止対策が施されることになります（図表1-9-1(A)）。

　さらに、ブロックチェーンでは、データを複数の参加者の間で共有する分散管理の形態をとります。これにより、ある記録を改ざんしようとすれば、ブロックチェーン参加者のサーバ（これをノードという）すべてを改ざんしなければなくなります。ある処理を行う場合、参加しているノードが一定のルールに則って承認することで、初めて登録が完結します。これにより、特定のノードが不適切な処理を行おうと

しても、他のノードのチェックがかかるので、システム全体としては真正性が担保されます（図表1-9-1(B)）。さらに、一部のノードが災害などで失われても、他のノードが最新の情報を保持しているので、業務は支障なく継続できます。

このように、暗号技術と分散管理技術を組み合わせることで、強固なセキュリティと業務継続性を実現するのが、ブロックチェーン技術です。これまでのところ、ブロックチェーンが正面から破られた事例は報告されていません（過去の仮想通貨の流出事故はいずれもブロックチェーン外で起きたものです）。

図表 1-9-1：暗号技術（A）と分散管理技術（B）による真正性の確保

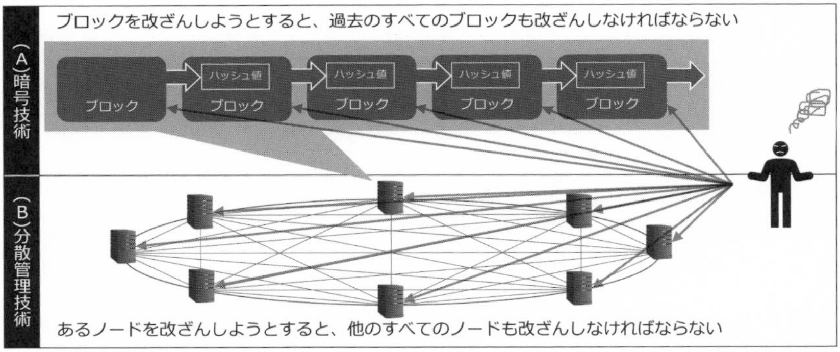

（筆者作成）

ブロックチェーンは、その性質に応じて、大きくパブリックチェーンとプライベートチェーンの2つに分けられます。パブリックチェーンでは誰もがノードとして参加できます。しかも特定の管理者がいません。このため、記録の真正性を担保するために、プルーフ・オブ・ワークという仕掛けを用意していますが、今のところ行政分野での実用化の見通しは立っていないことから、本書では説明を割愛します。非常に精巧に考えられた仕組みですが、維持のために膨大な計算が行われ、コンピュータの電力が消費されるので、それに伴う CO_2 排出

が問題視されています。他方で、プライベートチェーンでは承認された者しかノードとして参加できません。このため、相互承認の仕掛け（これをコンセンサス・アルゴリズムという）を作れば機能するので、上記のような問題は起きません。他方で、結局は管理者に相当する存在が必要になるので、ブロックチェーンを導入する意義は曖昧になりがちです。暗号通貨（仮想通貨）のビットコインはパブリックチェーンで成り立っていますが、それ以外で実用化されたブロックチェーンでは、今のところプライベートチェーンしか使われていません。

Ⅲ　日本の行政での適用可能性

　さて、日本のように行政機関が信頼に足ると考えられている国ではブロックチェーンは必要ないのでしょうか。答えは、短期的にはYES であり、中長期的には NO です。現在、行政機関が何の問題もなく管理している台帳をあえてブロックチェーンに置き換える必然性は乏しいでしょう。現状のセキュリティとサービスの安定性が確保されたうえで、目に見えるコストの削減や利便性の向上が図れるならば選択肢となり得ますが、ブロックチェーン技術が目に見える形でコスト優位性を発揮できるようになるには、まだしばらく時間がかかります。それは、ブロックチェーンを的確かつ効率的に構築するには、エンジニアの教育訓練と習熟、その結果としての人材層の裾野の拡がりが必要となるからです。

　他方で、今はまだ情報システムが存在していない領域であれば状況は違ってきます。例えば、行政が直接運営しないが、半官半民のような組織が記録を保全する社会的機能を担うような場合、ブロックチェーンによる仕組みが威力を発揮するでしょう。また、今後は行政でも、システムの更改の際に、新たなシステムの中にブロックチェーンが組み込まれている、といったケースも出てくるでしょう。ブロックチェーンは、信頼性の高いサーバを冗長化することで信頼性を確保

するよりも、信頼性の低いサーバを多数ノード化することで、安く運用できる可能性があります。技術が成熟してくれば、適当なタイミングでそうした選択をする組織も出てくるでしょう。ただし、この場合、仮にブロックチェーンベースのシステムが導入されたとしても、利用者目線では、その情報システムにブロックチェーンが使われているかどうかが意識されることはありません。

　中長期的には、ブロックチェーンは行政の業務そのものも変化させていく可能性があります。ブロックチェーンには広い汎用性があるので、様々な記録の保全に応用できる可能性があります。行政の業務は、無数の記録で成り立っているので、潜在的な応用可能範囲は決して小さくありません。

Ⅳ　日本の公共分野での活用状況の現状

　日本の公共分野での現状のブロックチェーンの活用状況を見ると、図表1-9-2に示すように、それなりに取組みは進められています。欧米などの諸外国と比べ、事例のバラエティーとしては、それほど遜色はありません。

図表1-9-2：日本の公共分野でのブロックチェーンの主な取組事例

カテゴリ	事例概要
地域ポイント	地域振興のため、商品やサービスと交換可能なポイントを発行
電子投票	地域で行う事業選定に住民が参画するためのネット投票を実施
生産物トレース	生産者、収穫時期、農薬使用の有無など、野菜の生産履歴情報の真正性を担保・可視化
公証・KYC	地域内のサービス間でのデータ連携、認証の一元化を実現するKYC認証基盤を構築
文書管理	文書のハッシュ値をブロックチェーンに登録し、改ざんを検知できる仕組みを構築
不動産取引	不動産の賃貸取引すべてを完結して実施できるプラットフォームを構築
ICO/STO	自治体としてトークンを発行するICOによる資金調達の導入を検討（検討中）
貿易情報連携	多数者間で大量の取引が発生している貿易手続のデータ連携システムを構築

（出典：（一社）行政情報システム研究所「ブロックチェーン技術が行政に与える影響に関する調査研究報告書」2019）

　他方で、AIやRPAなどの他のデジタル技術の事例は、それぞれ

数百件に及ぶのに対し、ブロックチェーンではようやく2桁に届いた程度です。そうした落差が生じている最大の理由は、そもそもまだ有望なユースケース（活用パターン）が十分に開発されていないからです。ブロックチェーン技術は、日本だけでなく、諸外国でもまだ明確に効果が得られたという報告は多く出ていません。専門家の間でも、同技術の意義について慎重な見方をする向きも少なくありません。

　しかし、これまでに米国や英国、豪州、中国、インドなどの国々が公共分野での活用も含め、国家としてブロックチェーン技術を活用する方針を明確に打ち出しています。特に中国における公共分野での導入の取組みは著しく、連日のように、地方政府や中央銀行をはじめ、様々な機関によるブロックチェーン活用に関するニュースが報じられています。習近平国家主席は、2019年にブロックチェーンで世界をリードする旨の発言もしています。こうした諸外国の動静と比較すると、我が国の動きの鈍さが目立ちます。今のまま推移すれば、諸外国の取組事例の一部を数年遅れで輸入するだけの"後進国"になってしまいかねません。むしろ近年では開発途上国でブロックチェーン導入に取り組む国が増えています。既存の完備されたITインフラがない国では、躊躇なく一足飛びにブロックチェーンの導入につき進めるからです。我が国でも民間企業では着実にブロックチェーンを活用したビジネスの開発が進んでいます。そうした分野で開発され、ブラッシュアップされた技術やサービスが行政にも横展開されることに期待したいところです。

■関連する取組み
　File4　地域課題の解決
　➡ File4.3　コミュニティ内の取引・処理記録を保全する［ブロックチェーン］

File1.10 基盤デジタル技術（クラウドサービス、API、ビッグデータ分析）

> デジタル技術の開発・運用を支える基盤技術のうち特に重要なの
> が、クラウドサービス、API、ビッグデータ分析の3つ

　デジタル技術は、無数のICTの集積の上に発展してきた技術であ
り、それらも含めた情報システムの一部として実装されて初めて機能
します。事業部門のリーダーがデジタル技術の活用を企画するだけの
ために、こうした技術の詳細を理解する必要はありませんが、的確に
企画を立てるうえでも、最低限の基礎知識は理解しておく方が有利で
す。必要とされるのは、AI等の開発事業者や既存ICT事業者との間
で意思疎通ができる程度の知識です。本章では今後そうした場面に出
会ったときの足掛かりとして最低限知っておきたい知識をクラウド
サービス、API、ビッグデータの3点に絞り、解説します。

I　クラウドサービスの意義

　クラウドサービスは、クラウド事業者が保有するコンピュータの一
部を、インターネット経由で利用に供するサービスです。利用機関自
らは情報システムを持たず、必要な範囲で必要なだけインターネット
経由で利用します。クラウドサービスを適切に活用できれば、運用保
守の負担からの解放、システム設置場所の節約、システム利用量の柔
軟な変更、それに伴うコストの節約、セキュリティの向上などのメ
リットを得ることが期待できます。

　AIやIoTを活用したサービスを開発・運用する場合、大量のデー
タの取扱いが課題になります。特に実証実験などのプロジェクトで
は、データの利用量は絶えず変化し、予測が困難な場合が少なくあり
ません。自組織内に情報システムを確保しようとする場合（これをオ

ンプレミスという）、最も負荷がかかるピーク時に必要とされる容量を見積もって調達しなければならないので、ピーク時以外の時間帯の負荷が低水準の場合、無駄が多くなります。クラウドサービスでは、使用した分だけ支払えばよいので、こうした無駄を回避することができます。ただし、行政の場合、民間企業のように純粋に青天井の従量契約とすることは困難なので、調達の仕方を工夫することが必要となります。一般的な方法は利用機関とクラウドサービス事業者との間に第三者の事業者（いわゆるシステムインテグレーターや再販事業者）を入れて固定価格契約とすることですが、クラウドならではのメリットはやや減殺されます。

　クラウドサービスの利用形態には様々なパターンがありますが、まず押さえておくべきは、サービスの提供方式と利用サービスの内容に応じて、以下の2つの区分があることです。

Ⅱ　クラウドサービスの種類：サービス提供方式による区分

　サービスとして、サーバを共同利用型で提供するか、占有型で提供するかによって、大きく以下の2つの方式に分かれてきます（図表1-10-1）。

図表1-10-1：クラウドサービスの類型（提供方式）

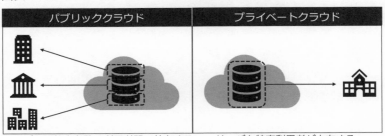

（筆者作成）

・パブリッククラウド方式

　クラウド事業者がサービスに供するサーバを不特定多数の利用者間で共用する形式です。

　クラウド事業者としては、サーバの空き容量を遊ばせることなく使い切ることができるので、その分、安く提供できます。ユーザー機関にとっては安価に調達できる一方、自組織と関係がない企業等と同じサーバを共同利用することに一抹の不安を感じる向きもあります。しかし、実際には、セキュリティは自前で運用する場合よりも向上します。政府も 2018 年にクラウド・バイ・デフォルトの原則を打ち出し、パブリッククラウドを積極的に活用する方向へと舵を切るとともに、クラウドサービスの評価制度を作り、政府機関等がパブリッククラウドを安心して利用できる環境を整備しようとしています。[12][13]

・プライベートクラウド方式

　事業者が特定の利用者向けに専用のサーバを用意し、サービスとして利用に供する形式です。

　パブリッククラウドと比べて、利用者側としての安心度が高まり、セキュリティもパブリッククラウドと同等の水準が期待できます。他方で、単にサーバをプライベートクラウドに移しただけでは、サーバの使い方はオンプレミスと変わらないため、あまりコストメリットは出ません。複数のサーバをまとめてプライベートクラウドに移管したり、複数の団体で共同利用したりといった工夫が必要となってきます。いわゆる自治体クラウドはまさにこの発想で費用削減を目指す取組みの一類型といえます。

12　CIO 連絡会議決定「政府情報システムにおけるクラウドサービスの利用に係る基本方針」(2018)
13　総務省・経済産業省「クラウドサービスの安全性評価に関する検討会　とりまとめ」(2020)

Ⅲ　クラウドサービスの種類：サービス利用方式による区分

　クラウドサービスを情報システムのどの階層のサービスとして利用するかによって、インフラから利用する IaaS 型ないし PaaS 型と、アプリケーションとしてのサービスのみを利用する SaaS 型に分かれます（図表 1-10-2）。

図表 1-10-2：クラウドサービスの類型（利用サービス）

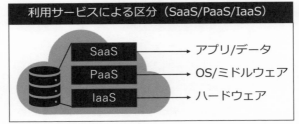

（筆者作成）

①　クラウドサービスのインフラへの利用（IaaS 型ないし PaaS 型）

　クラウドサービスを情報システムのインフラとして利用する方式、すなわち、既存のシステムをハードウェアや OS（オペレーティングシステム）などインフラのレベルでクラウド上に移行し、利用するサービスです。

　多くの場合、オンプレミスやハウジング（事業者のデータセンター内に自組織のサーバを設置する方式）で構築していた情報システムをクラウドサービス事業者の環境上に移行します。システム構築において高い自由度が得られますが、クラウドサービスに適した形でのシステム構成の見直し（いわゆるリライトやリビルド）を行わず、そのまま移し替えただけの場合（リホスト）、コスト削減効果は限定的となります。ただし、あえていったんリホストした上で、徐々にリビルドする戦略が取られる場合もあります（リフト＆シフ

ト）。

② クラウドサービスのアプリケーションへの利用（SaaS 型）

クラウドサービス事業者のインフラ上で提供されるアプリケーションレベルのサービスを利用する方式です。提供されるサービスを前提とするので、既存の情報システムや業務・サービスの見直しが必要となる場合があります。

自治体では「自治体クラウド」「自治体情報セキュリティクラウド」などの施策は広く認知されるようになりましたが、これらはプライベートクラウドです。本当の意味でのクラウドサービスのメリットが得られるのは、やはりパブリッククラウドです。この方式が最もスケールメリットとクラウドサービスの特長が発揮できるからです。他方で、この形での調達は、まだ日本の行政分野では実績が乏しく、しばらくは試行錯誤が続くことになると思われます。特にマイナンバー利用事務ネットワークをそのままパブリッククラウドに移管することは短期的には考えにくく、対象となる情報システムの範囲は限られてきます。ただし、政府の強力な政策的後押しもあるので、今後徐々に自治体でも導入が広がっていくものと見込まれます。

Ⅳ　API(アプリケーション・プログラミング・インターフェース)

クラウドサービスは、自治体の業務やサービスに"部品"として組み込むことが可能です。業務処理のある部分、例えば、会議録の作成に AI を活用したい場合、音声のテキスト化、文字の校正、文書の体裁の補正、発言者への確認、ウェブページ掲載など何段階にもわたる作業工程の中で、音声テキスト化の部分を切り出してクラウドサービスに渡し、その結果を業務フローの中に取り込むことが可能です。このときクラウドサービス等の外部システムとのやりとりを自動的に行

う仕組みが API（アプリケーション・プログラミング・インターフェース）です（図表 1-10-3）。API とは、一定の形式でデータを送ると機械的に処理が行われ、結果が返される仕組みを指します。

図表 1-10-3：業務プロセスへの API の組み込み

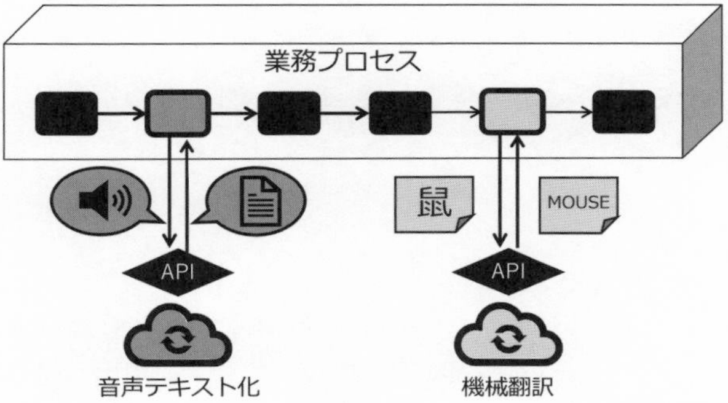

（筆者作成）

　API はもともと、ソフトウェア開発において、プログラムのあるモジュール（部品）から他のモジュールの機能を呼び出すための、プログラミングの基礎的な技術です。それが発展し、インターネット経由で組織をまたいでのサービスの呼び出しまでもが可能になっているのが現在の API です。

　API に所定の手順で要求を送れば自動応答するので、うまくシステム上の処理の流れに組み込むことができれば、他組織が提供している機能をあたかも自組織のシステムの一部であるかのように組み込むことも可能です。もっとも自治体の場合はセキュリティポリシー上、インターネット上のサービスに LGWAN 接続系ネットワーク内のデータを直接わたすことは困難です。したがって現状では、LGWAN 接続系の端末で行われている業務の場合、利用できるのは LGWAN-ASP サービスなど、閉域網内で提供されるサービスに限られてきます。

　API は、自組織内の業務改善に利用できるだけでなく、企業や住

民向けのサービスにも活用可能です。行政情報システムでも以前から活用されており、例えば国の e-Gov 電子申請システムでは、API を利用した一括申請処理なども可能となっています。API は、特に様々なサービスに共通して必要となる機能を共同利用する場合に威力を発揮します。例えば、認証や申請などですが、このうち国と共通して利用する機能については、国から API が提供されつつありますので、今後のシステム検討においては、こうした動きも視野に入れつつ、なるべく重複開発がないよう全体像を描いていくことが重要となります。

V　ビッグデータ分析

　現在の AI ブームは、深層学習技術の実用化、利用可能なビッグデータの増加、コンピュータ性能の向上の3つが契機となって始まったとされています。ビッグデータなくして AI ブームは起きませんでした。他方で、ビッグデータ台頭の大きな契機になったのが、IoT 機器の低価格化・小型化・高性能化や SNS の普及でした。このようにビッグデータとデジタル技術の発展は相互に密接に関係しています。

　ビッグデータとは、ひと言でいえば、個人のパソコンで処理し切れないほどのレコード量を持つデータです。数十万から数百万レコードであれば、なんとか個人のパソコンで処理できますが、数億から数十億になってくると、とても計算が追いつかなくなり、人手での補正処理なども到底不可能になってきます。これがビッグデータです。[14]ビッグデータ処理の流れは、一般的には、データの整理・集約化を何段階か行って、個人パソコンで処理できる程度のサイズにした上で、

14　ガートナー社の定義などでは、「データの量、処理速度、種類や処理方法の多様性と複雑性において、これまでとは異なる、コスト効果が高く革新的な情報処理プロセスを必要とするデータである」とされていますが、シンプルに量でイメージした方がわかりやすく、理解する上でもそれで十分なので、本書では上記本文中の説明をもってビッグデータを捉えておきます。

BI（ビジネスインテリジェンス）ツールを使って可視化したり、統計ソフトでデータ解析を行ったりして理解や分析を試みる、というものです（図表 1-10-4）。

図表 1-10-4：ビッグデータ処理の流れ（可視化）

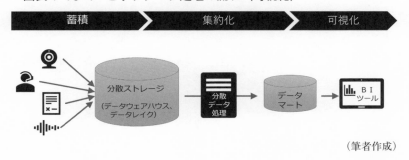

（筆者作成）

　ビッグデータ分析によって、今まで取り扱えなかったデータの傾向やパターンを可視化できるようになることで、様々な新たな知見を得られるようになります。最近、多くの自治体で利用されるようになった RESAS（地域経済分析システム）[15] はその典型といえます。直ちに可視化できる形でデータが整備・格納されており、自治体の産業構造、人口動態、ヒトの流れといった基礎的な状況の理解が容易に行えるようになっています。こうした可視化以外に、ビッグデータは統計解析や機械学習を通じて事象の関係性を定量的に把握し、原因究明や予測を行うためにも使われます。いずれもその目的は、人間による的確な判断の支援です。

　なお、ビッグデータをデジタル技術と組み合わせて活用していく際の留意点については、File 5.4 にて改めて触れることとします。

　AI や IoT などのデジタル技術は、以上のような基盤となる技術を

15　RESAS（地域経済分析システム）：https://resas.go.jp/

仕組みの一部として、もしくは土台として活用することで初めて意味をなします。そして、これらの基盤技術を支えているのは、半世紀以上にわたり営々と積み重ねられてきた、ハードウェアやソフトウェア、ネットワークなどの ICT であり、データ分析手法なのです。

File2

庁内業務の効率化

行政におけるコンピュータ活用の歴史は、半世紀以上前に、業務の効率化を目的として始まりました。以降、コンピュータの役割は経済社会の構造、さらには人間のライフスタイルをも劇的に変えてきましたが、現在においても、業務の効率化はICT活用における中心命題であり続けています。

　現在、ほとんどの自治体では基幹業務の電算化は完了しており、ウェブサイトやSNSが住民に対する主要な情報発信手段となっています。電子申請や電子調達も、共同利用の枠組みを通じて普及しつつあります。しかし、内部の業務処理はどうかと言えば、未だに紙決裁の文化が色濃く残り、デジタル化とは程遠い状態にある自治体がほとんどです。既にデジタル化を進めている自治体であっても、業務効率化は道半ばというところがほとんどではないかと思います。

　業務のデジタル化は一朝一夕に導入・定着できるものではなく、数年にわたる地道な努力が必要となります。他方で、デジタル技術を適切な課題に対し、適切な方法で適用できれば、比較的短期間で見に見える成果を得ることも可能です。本章ではそのための手段として、どのような技術が、どこまで活用可能になっているのかを典型的な場面ごとに解説します。

＜コンテンツ＞

File2.1 議事録作成を自動化する［音声認識 AI］

> 議事録作成における文字起こし作業を、音声認識 AI を用いて自動化・効率化する

Ⅰ　何が課題なのか（課題認識）

　自治体では日々、無数の会議が開催されています。これらの議事録作成は、職員にとって業務負荷が大きいだけでなく、比較的短期間で取り組むことが求められるので、仕事のペースを乱し、残業の原因にもなります。議事録作成の工程の中でも特に負担感が大きいのは、最初の文字起こしです。この段階で精度が高い文章を作成できていれば、その後の工程はずっと楽になりますし、逆に精度が低いと、手戻りが発生する上、不正確・不十分な記録が残りかねません。必ずしも職員でなくても行える作業であるにも関わらず、手の抜けない、負担感の大きな作業であり続けています。議事録作成の効率化はどの職場にとっても共通の課題であり、有用性を理解しやすいので、自治体がデジタル技術の活用を検討する場合、最初に選択肢として挙がるテーマの筆頭です。また、働き方改革の文脈でも会議そのものをいかに効率化するか（不要会議の廃止、TV会議、等々）というテーマと併せて、常に選択肢に挙がる定番メニューの一つとなっています。

Ⅱ　どんな解決策があるのか（解決策と事例）

　以上のような問題意識の下、音声認識 AI（人工知能）を備えた議事録作成システムを導入して作業を効率化しようとする動きが広がりを見せています。ある程度の精度で、音声データをテキストデータに変換できれば、校正をかけるだけで、スピーディーかつ正確に議事録を作成することが可能になります。議事録作成システム自体は、以前

から自治体での導入が進められていましたが、近年の AI ブームを背景に、技術もさらに進歩しつつあり、深層学習（ディープラーニング）も精度の向上のために活用されるようになっています。ただし、それによって、それほど劇的な変化があったというわけではありません。議事録作成システムは、既に特定の条件下では、かなりの精度を達成していました。国会でも、衆議院では 2011 年から議事録作成システムが導入・運用されています。現在の議事録作成システムへの注目は、AI ブームによってその有用性が再認識されたことの効果の方が大きかったといえます。

Ⅲ　事例と効果

音声認識 AI は、AI 導入に取り組む自治体のうち都道府県では 82％、指定都市では 50%、その他市区町村では 22% が導入対象に含めています。[1]導入事例の多くは、以前から日本の自治体で議事録作成システムを提供してきた事業者によるものですが、一部でグローバル IT 企業が提供する AI サービスの導入も始まっています。

文字起こしは 1 回あたり 3 〜 4 時間かかるとされるので、年間 5 回開催される会議が 100 あれば、ほぼ職員 1 人分の稼働が浮く計算になります。実際に、東京都港区では、導入によって年間数千時間の削減が見込まれるとしていますので、[2]かなりの規模の効果といえます。

Ⅳ　どうやって導入するのか（導入方法）

議事録作成システムは、ほぼ純然たる "道具" です。業務を大きく変える必要がなく、導入するだけで効果を発揮します。仕組みとして

1　総務省「地方自治体における業務プロセス・システムの標準化及び AI・ロボティクスの活用に関する研究会（スマート自治体研究会）（第 5 回）」（2019）
2　若杉 健次「港区 AI 元年」〜 AI・RPA による区民サービス向上と働きやすい職場づくり〜
　　神奈川県令和元年度政策研究フォーラム（2020）

は、録音機材で録音した音声データを議事録作成システムに送信し、テキストデータに変換して返送するようにするだけです。このとき議事録作成システムが庁外にある場合はインターネット経由でデータをやりとりすることになります（図表2-1-1(a)クラウドサービス型）。対象とする会議録の全部が公開前提なのであれば、これだけで十分です。非公開の情報も取り扱う場合は、LGWAN-ASP上のサービスを使う方法もあります（図表2-1-1(b)閉域網ASP型）。さらに厳重な管理が求められる場合は、庁内のサーバにソフトウェアを導入することになります（図表2-1-1(c)オンプレミス型）。この場合はサーバ室で定期的にシステムの保守やバージョンアップの作業を行うことが必要になります。(a)(b)の場合は事業者側でシステムが最新の状態に維持されているので特に対応の必要はありません。

図表 2-1-1：議事録作成システムの導入パターン

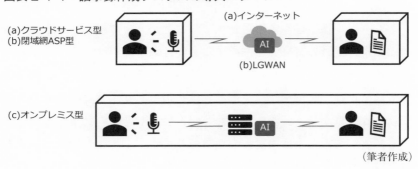

(a)クラウドサービス型
(b)閉域網ASP型

(a)インターネット

(b)LGWAN

(c)オンプレミス型

（筆者作成）

　議事録作成システムは、用語の「辞書」を登録していくことで精度が上がっていきます。このためには導入後も定期的に、組織内や地域ごとの固有名詞や専門用語、造語などを登録し、辞書をアップデートすることが必要となります。

　議事録作成システムは、録音をどこまで適切に行えるかによって、ほぼ実用性の有無が決まるといっても過言ではありません。高い精度

を出しやすいのは、インタビューやスピーチのように、話者がマイクと1対1で話す場合です。会議録の場合、議論が白熱し、話者がマイクを意識しなくなったり、複数の人が同時に発言したりすると、精度が落ちてきます。マイクの話者との距離や指向性も重要です。録音環境の設計も重要で、議場や会議室を新設したり改築したりする場合に、こうした配慮を行うかどうかで決定的な違いが出てきます。

このように、様々な条件が影響してくるので、用途に応じて、何度も実際の音声での試験を繰り返し、改善しながら要求水準を満たせるかを見極めることが重要となります。筆者の職場でも、ある自治体で既に実用化されている議事録作成システムを別の用途で使ってみましたが、どれだけ試行錯誤しても、実用レベルの認識率は達成できませんでした。

Ⅴ　注意すべき点は何か（留意点）

そもそも、議事録作成を自動化することが、常に望ましい解決策なのか、常に逐語の議事録を作成する必要はあるのかは、問い直してみてもよいかもしれません。もちろん透明性が重視される議会や審議会等では、正確な記録を作成することは必須であり、議論の余地はないでしょう。しかし、公開を目的としない会議や庁内の会議でそこまでする必要があるのかは検討の余地があります。1時間の会議の逐語の議事録となると、量も膨大となるので読む方も大変です。結局、議事概要を作成せざるを得ず、そちらしか読まれないということになりがちです。そうであれば、初めから議事概要だけを作成すればよいのかもしれません。議事概要だけであれば、記録者が会議の場にパソコンを持ち込み、リアルタイムで作成していくのが最も効率的です。会議が終わったときには、粗々のドラフトは出来上がっているので、それを校正するだけで仕事は完了します。ラフな打合せであれば、校正する必要すらないでしょう。また、議事概要の作成には若手職員の教育

的な効果もあります。議論のポイントを的確に掴んで文章にまとめる
ことは、自治体職員にとって重要な素養といえます。全文の議事録作
成は非生産的な単純作業でしかありませんが、議事概要の作成は創造
的な知的作業です。その機会を奪い、機械に置き換えてしまうのは
もったいないことかもしれません。

Ⅵ　今後どうなるか（今後の展望）

　音声認識 AI は、AI 技術の中でも最も研究がさかんに行われてい
る領域の一つであり、今後も着実に精度が上がっていくでしょう。複
数話者の音声を同時認識する技術も急速に実用性が高まっています。
特に、スマートスピーカーの進歩は注目されます。かなりの精度で、
複数人の同時かつ無指向の対話を認識できるようになっているとされ
ます。将来的には会議室にスマートスピーカーが置かれ、議事録がテ
レビの自動録画のように自動生成されるようになるかもしれません。

File
2

庁内業務の効率化

File2.2 パソコンの定型作業を自動化する[RPA]

職員がパソコンで行っている定型的な反復作業を RPA によって
自動化する

I 何が課題なのか（課題認識）

　自治体の業務は、基幹業務を中心に、着実にシステムの整備が進め
られてきました。しかしながら、それらのシステムへの入出力やシス
テム間の情報連携、システム化対象外の業務（以下「システム周辺作
業」と総称します）では、依然として様々な業務が手作業で行われて
います。これらの作業の中には、それほど高度な判断を必要としない
定型業務が含まれています。これらもその気になれば、システム化す
ることは可能です。しかし、一つひとつの仕事量が小さいと、投資に
見合う効果は期待できないので、職員の手で処理し続けざるを得ませ
んでした。今、自治体を取り巻く課題は多様化・複雑化が進み、より
一層、企画業務や対人的な業務に取り組むことが必要とされていま
す。こうした中で定型業務が積み重なり足かせとなれば、ボディーブ
ローのように職員の貴重な勤務時間と、新しい課題に取り組もうとす
る気力を奪ってしまいます。

II どんな解決策があるのか（解決の方向性 / 選択肢）

　こうした「システム周辺作業」の負荷を軽減する方法はいくつか考
えられます。本章の主題である RPA（ロボティック・プロセス・オー
トメーション）の意義を理解する意味も兼ねて、いくつか選択肢を挙
げてみます。

①　業務の見直し

　非効率な業務そのものを見直して廃止したり、改革したりすることです。これこそが本質的な解決であり、王道といえるでしょう。ただし、自治体業務の場合、民間企業のように事業やサービスそのものを廃止するわけにもいかない場合が多いので、抜本的な見直しには踏み切りにくい側面があることは否めません。

②　既存のツールのフル活用（例：Microsoft Excel のマクロ）

　「システム周辺作業」の中には表計算ソフトでの集計作業が含まれていることがあります。Microsoft Excel には、定型作業をプログラミングによって自動化できるマクロ機能があります。これをうまく使えば、業務によってはかなりの効果を発揮します。しかしながら、Excel 上だけで完結する作業は多くないですし、機能を使いこなすのはそれなりに知識やスキルも必要となります。担当者が異動した場合の引継ぎも容易ではありません。こうした制約条件があるため、今のところ自治体で広く活用されるには至っていません。

③　外注／臨時・非常勤職員の採用

　仕事を外部の事業者に委託（いわゆる BPO：ビジネス・プロセス・アウトソーシング）ないし臨時・非常勤職員を採用して処理する方法です。非効率的な業務をそのまま外部化することができるので、職員の負担は減りますが、当然それなりの費用がかかってきます。また、非効率的な業務が温存されて固定化され続ける側面もあります。一時的な事務量の急増に対応するといった場面では、今後も強力な手段であり続けますが、事務の恒久的な外部化には慎重であるべきです。デジタル技術が急速に進歩する中、将来にわたり業務効率化の機会を奪ってしまう可能性があるからです。

④　RPA の活用

　以上のような課題や限界を克服する方法として注目を集めるようになったのが RPA です。RPA は、職員がパソコン上で行っている

メールソフトの立ち上げ、コピー＆ペースト、集計、印刷などの作業をそのままコピーして再生することで自動化を実現します。うまく使いこなせば、上記の①〜③では対応できなかった業務の効率化を実現することができます。例えば、①では手を付けられなかった非効率で面倒な業務も、自動化してしまえば短時間で処理できる場合があります。RPA は②と異なり、システム間をまたいで稼働させることができます。これによってシステム間での転記などの業務も自動化が可能となります。コストについては、特に定常的に発生する業務であれば、大抵は③よりも少額で済むでしょう。RPA には幅広い汎用性があり、どのような定型業務にも対応できます。今後 RPA は、程度の差こそあれ様々な業務において、重要な役割を担っていくことは間違いないと思われます。

Ⅲ　事例と効果

　RPA を導入済み又は導入予定の自治体は、2019 年 1 月の段階で 200 団体を超えており、現在も増え続けています。導入分野も図表 2-2-1 に示すように幅広い部門に広がっています。ただし、基本的に対象となっている業務の多くは、システムの入力代行、メール送付、印刷等といった定型業務であり、組織や分野に関わらず、ある程度似通ったものとなっています。行政の事務の性質は本質的に、部門によってそう大きく変わらないからです。

図表 2-2-1：RPA の導入分野

	導入済み団体数	組織・職員(行政改革を含む)	財政・会計・財務	情報化・ICT	住民参加・協働	コミュニティ	情報公開・個人情報保護	治安(再犯防止を含む)	健康・医療	児童福祉・子育て	高齢者福祉・介護	障がい者福祉	農林水産業	公共施設・インフラ	横断的なもの	その他
都道府県	14	8	6	2	0	0	0	1	4	0	0	0	2	2	1	2
指定都市	9	1	4	3	0	0	0	0	0	1	1	0	0	1	2	2
その他の市区町村	59	22	27	9	2	1	1	1	9	8	10	6	1	2	1	21

（出典：総務省 スマート自治体研究会「スマート自治体研究会（第 5 回）事務局提出資料 1」（2019）をもとに筆者作成）

　RPA 導入の効果については、全国の自治体から数多くの成果が報告されています。その中には業務時間削減率が5割程度のものから9割以上のものまで様々ありますが、こうした削減率は件数を踏まえた絶対量の方が重要ですし、そもそも母数をどこに設定するか、また元々の業務がどれだけ効率化されているかによって変わり得るので、あまり捉われるべきではありません。

　また、RPA 導入の準備作業も本来的には投入コストとしてカウントすべきかもしれません。RPA 導入のための業務棚卸しや業務の見直しを行い、シナリオを作り、テストを行って初めて RPA 導入に到達できるからです。実際にそうした作業時間もカウントした上で投資対効果を測定すると、採算に見合う業務は限られてくるでしょう。だとすると、RPA の準備には職員の慣れやスキルも大きく影響するので、初心者の作業では採算がとれないが、シナリオ作りに長けた者が取り組めば採算がとれる、といったことも起こり得ます。

Ⅳ　どうやって導入するのか（導入方法）

　RPA は、原理そのものは AI などと比べるとシンプルであり、要素技術や性能による差は AI ほど顕著には出てきません。したがって論点となるのは、どんな技術を開発するかではなく、純然たる"道具"として、どうやって現場に導入していくかです。導入の方法には様々なパターンがあり、対応方法は自治体によって異なっています。本書では特に大きな論点となる①契約方式と②構築方式について解説します。

①　契約方式

　RPA の契約方式には、大きくクライアント型とサーバ型の2通りがあります。クライアント型はパソコンごとに契約する方式で、サーバ型は通常の情報システムのようにサーバでの集中管理を前提

に一括して契約する方式です（図表2-2-2）。RPA導入に向けた検討の初期段階で、ソフトウェアと業務の相性や性能を確認したり、スモールスタートで効果を検証したりする場合は、まずはクライアント型で少数のパソコンで実証実験を行った方がよいでしょう。その上で軌道に乗ってきたらサーバ型に移行し、組織全体として体系的で効率的な運用体制を作っていくのが王道といえます。

図表2-2-2：RPAの契約方式

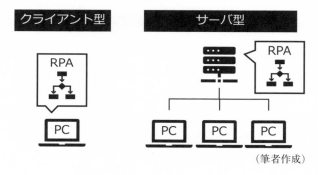

（筆者作成）

② 構築方式

　RPAの導入において、最も重要な工程は、いかに一連の動作の「シナリオ」を作るかです（図表2-2-3）。この部分を外注してプロに任せている自治体もあれば、職員自らがシナリオを作成している自治体もあります。RPAのシナリオ作りに高度なプログラミングの知識は必要ありませんが、人による向き不向きはあります。職員が10人いれば、何人かはRPAのシナリオ作りに向いた人がいます。そうした人材を発掘して役割を与えれば、シナリオ作成を自治体内で内製化することは可能です。当然ながら、運用コストも安く済みます。他方で、内製化の弱点はスキルが属人化することです。RPAのシナリオは法制度や業務ルールの変更等に伴ってメンテナンスしていく必要があるので、それに対応していくための体制の整

備が必要となります。内製化する場合、人事異動があった場合にうまく引き継げなければシステムを運用できなくなります。RPA のシナリオ作りに長けた人材を確保し続けるための人事上の配慮や人材育成のための教育も必要となるでしょう。この点、事業者に委託できれば、費用がかかる反面、こうした悩みからは解放されます。

図表 2-2-3：RPA のシナリオの流れの例

（筆者作成）

RPA のソフトウェアには多くの種類があり、それぞれ一長一短があります。一般的な傾向としては、初心者向けの使い勝手の良さと、慣れた利用者向けのかゆいところに手の届く機能性は、トレードオフの関係になりがちです。一度導入した RPA のソフトウェアを変更することは、それまで作り込んだシナリオの作り直しが必要になってしまうので、簡単にはできません。どちらを重視するかを念頭に置きつつ、様々なソフトウェアを比較しながら、積極的に要件を詰めていくことが重要です。

V　注意すべき点は何か（留意点）

RPA 導入で何よりも気をつけるべきは"非効率の固定化"です。

RPAの導入事例を見ると、業務そのものを見直せば、そもそもRPAを導入する必要がないと思われるような非効率な業務にRPAを導入していることがあります。組織としてRPAを導入する場合は、必ず検討段階でこうした業務見直しのプロセスを組み込むよう義務付けるべきです。例えば、転記入力作業にRPAを導入する場合も、そもそも不要な入力項目はないか、フォーマットを統一したり、報告方法を見直したりすることで作業自体を効率化できないか、といったことを事前に検討するということです。ひとたび非効率な作業を自動化してしまうと、下手をすれば永続的にその作業プロセスと付き合わなければならなくなります。場合によっては、RPAのライセンス料や保守料にも影響してきます。そればかりでなく、特に、広域自治体が基礎自治体から報告を受けるような業務の場合、広域自治体側で業務をRPAによって効率化できたとしても、基礎自治体側に非効率な報告業務が残存してしまったとしたら、一種の非効率の押し付けになりかねません。

　ではRPAの導入はなるべく避けるべきかといえば、そんなことはありません。業務の改善は、情報システムの改修なくしてできないことが少なくありません。しかし、システムの改修には、ときに数百万、数千万円の費用、数年の時間を要することも少なくありません。それが実現するまで非効率な業務を続けるべきではないでしょう。そうした非効率さの補完にRPAを活用できれば、システム改修とは桁違いの低コストで対応できる場合があります。当面の現実解として、RPAは手近なツールになり得るのです。

　重要なことは、安易にRPAに依存することの危険性を認識しつつ、組織的に管理していくことです。RPAの導入当初はスモールスタートを切って試行錯誤を重ねるしかないでしょう。しかし、実際の本番運用に入る際にはしっかりとした体制を作り、計画的に運用していくことが重要となります。RPAには、ソフトウェア管理、人材育成、

業務と情報システムの運用体制の整備など、検討すべき点は意外に多くあるのです。

VI　今後どうなるか（今後の展望）

　RPA は今後、ソフトウェアの改良に伴ってより利便性が高まっていくと見込まれます。また、職員の認知度が高まることで、より多様な業務に適用範囲は広がっていくでしょう。RPA のシナリオづくりに慣れてくると、どのような業務に導入しやすいか、効果が出やすいか、といった勘所が分かるようになります。さらにスキルの高い職員は、パーソナル RPA のような使い方も可能になってきます。そうなると、RPA の全体管理がますます重要になってきます。英国政府では、省庁間で事例やツールを共有するために、COE（センター・オブ・エクセレンス）と呼ばれる組織を設けました。こうした“場”ができれば、優れたシナリオを他の部門や組織との間で共有したり、参照し合ったりすることも可能になります。日本の自治体でも、これまでは RPA をどのような分野に導入できるのか、どれだけ効果が出るのかが主たる関心事でしたが、今後はいかに効率的に導入を進め、効果を高めていくかが重要な論点となっていくでしょう。

＊本書執筆時点でも、さらに組織再編が進められている。

File2.3 手書き文字をテキストデータ化する [AI-OCR]

> 紙の文書に書かれた手書き文字を AI-OCR で読み取り、テキストデータ化する

I　何が問題なのか（課題認識）

　行政のデジタル化の必要性は指摘されて久しく、一部の自治体では電子決裁の導入などが始まっていますが、まだ大多数の自治体の業務プロセスは紙中心のままとなっています。多くの職員がデジタル化の方向性には賛同しつつも、実際には遅々として取組みが進まない理由の一つとして、いくら内部業務のデジタル化を進めたとしても、住民や企業とのやり取りが紙文書のままでは、業務が効率化されるどころかかえって悪化しかねない、という点が挙げられます。

　そこで、当面の対処療法として、紙で受け取った書類をそのままテキストデータ化してしまえば良いのではないか、というのが本節の主題である AI-OCR（AI 機能付光学文字読取）登場の背景となった問題意識です。単に紙をスキャンして PDF 化し、添付ファイルにするだけでは業務は改善しませんし、むしろ紙と電子の二重管理が発生して悪化しかねませんが、紙に書かれた文字がテキストデータ化され、そのままコンピュータで読み取れるようになれば、様相は変わってきます。特に、RPA の導入が拡がって以降このニーズは切実なものとなってきました。RPA はデジタルデータしか受け付けないため、紙でのやり取りを伴う業務フローに導入しようとすれば、どうしても紙文書をデジタルデータ化することが必要となってくるからです。

Ⅱ　どんな解決策があるのか（解決の方向性 / 選択肢）

　紙文書の文字をデジタルデータ化するには、人間が転記入力するか、機械に変換してもらうしかありません。後者を実現する技術が、OCR です。この技術の歴史は古く、既に様々な場面で実用化されています。以前から、定型的なフォームの文書に、所定のフォントで鮮明に印字された文字を読み込ませれば、それなりの精度は出ていました。しかし、非定型の文書や手書き文字などの変換結果は実用化にはほど遠い状態でした。それが近年の AI 技術、特に深層学習（ディープラーニング）技術の発達によって大きく様相が変わってきました。いまや手書き文字でも文書によっては 99% 以上といった、人間よりも優れた認識精度すら出せるようになりました。深層学習の画像認識の領域では、既に 2015 年頃には研究レベルでは AI の認識精度が人間を上回っていましたが、それが文字認識の領域にも波及してきたということです。しかも理論値として性能が高いだけでなく、実際に実務に役立つ道具となっています。それが AI 機能を搭載した OCR、いわゆる AI-OCR です。AI-OCR はたいてい RPA とセットで導入されます。紙から読み取ったテキストデータをそのまま RPA のフローに流すことで、業務プロセス全体を自動化するためです（図表 2-3-1）。

　　図表 2-3-1：AI-OCR と RPA の組合せ処理の流れ
　　手書き文字の申請書をテキストデータとして登録するまでの流れ

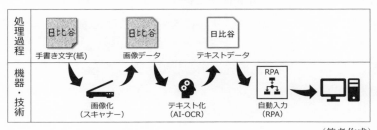

（筆者作成）

Ⅲ どうやって導入するのか（導入方法）

紙文書をスキャナー等で画像データ化し、そのデータを AI-OCR に送信するとテキスト化されたデータが返ってくる、という流れが基本パターンです。AI-OCR のサービスにはオンプレミス型とクラウド型があり、自治体で広く採用されているのは基本的に後者です。この場合、システムは事業者側に設置され、ネットワーク経由でデータを送受信します。セキュリティポリシーの要請もあり、現在実用化されているサービスは LGWAN 経由のものです。具体的には、LGWAN-ASP サービスとして J-LIS（地方公共団体情報システム機構）のウェブサイトにリストアップされている AI-OCR サービスを利用する形です。なお、仮に機密性がないデータのみ取り扱う業務であれば、インターネット経由で提供されている、より安価なサービスを利用することも可能です。

Ⅳ 注意すべき点は何か（留意点）

行政サービスの未来の姿が完全にデジタル化されたサービスであるならば、紙文書での受け取りが前提の AI-OCR は本来あるべき姿ではないということになります。そもそも住民や企業とのやり取りがデジタルデータで行われていれば、わざわざ紙文書を受け取ってスキャンする必要もないからです。しかしながら、現実には一朝一夕に解決できる課題ではなく、自治体側での情報システムの整備はもとより、利用者側の教育や動機付け、サービスの再構築等を通じて、一歩ずつ取り組んでいく必要があります。ただし、100％デジタル化することはないでしょう。電子政府先進国として名高いデンマークやエストニアでも、電子申請率は 100％ にはなっていません。それは、理屈を抜きにして、紙や対面でのやりとりを望む住民や身体障がいその他の事情により、デジタルの手続きに対応できない住民が必ず一定数は残る

からです。しかし、それでもデジタル化がある程度の割合に達すれば、行政効率は格段に向上します。この段階に至ると、行政の業務はデジタルでの処理が原則とされた上で、やむを得ず残る一定割合の申請のみ、例外処理として AI-OCR によってデジタル化されることになります。AI-OCR は、自治体がデジタル化された手続へと移行するまでの間、業務負荷を軽減するための鎮痛剤のようなものと捉えるべきなのかもしれません。デジタル化は一貫して行わなければ本当の価値は生み出せません。この基本を踏まえつつ、最終解ではなく、当面の現実解として AI-OCR を位置づけていくべきでしょう。

V　今後どうなるか（今後の展望）

文字認識に関する研究は今も活発に行われていますが、既にかなりの水準に達しているので、精度の向上にもいずれ限界がくるでしょう。そうなると、次はいかに AI-OCR と RPA も含めたデジタル前提の業務フローを洗練させていくかというサービスの作りこみの勝負になってきます。こうした中で、AI-OCR は、RPA と一体のシステムとして今後も進歩していくと考えられます。ここ 1、2 年の間に、次々に新しいサービスやソリューションも登場しています。競争原理が適切に働けば、導入の敷居もより下がっていくでしょう。

2019 年のデジタル手続法では、行政手続のオンライン化原則が掲げられていますが、それが実際に進展していけば、AI-OCR の意義は、前述のとおりいずれは変質していくことになります。そして将来、実際に大多数の手続きでのオンライン化が実現したとき、AI-OCR はその第一段階の使命を終え、例外処理のツールとして第二段階の役割を得ることになると考えられます。

File2.4 膨大な事例の中から回答候補を抽出する ［最適解提示 AI］

> 戸籍業務の問合せ対応の際、機械学習させた膨大な事例の中から、質問に最も適した回答候補を抽出する

I　何が問題なのか（課題認識）

　自治体の仕事の中には、長年培った知識と経験の蓄積によって対処されている仕事が少なからずあります。その一つが戸籍業務であり、一人前になるには10年かかるとも言われます。例えば、外国籍の方との渉外婚姻の手続きは相手国の法制度等も踏まえて対処する必要があり、複雑な解釈や対外確認が求められるからです。しかし、近年の人事ローテーションの短期化によって、個人の知識・経験に依存した業務スタイルは成り立ちにくくなってきています。

　業務上の判断の拠り所になっている知識・経験を持つベテラン層の退職も深刻な問題です。定年退職自体は、人材の新陳代謝の観点からもやむを得ないことですが、跡を継ぐ世代が育っていなければ知識・経験の断絶を生み、業務やサービスの生産性の低下をもたらします。一つひとつの判断の拠り所がなくなり、一から確認を積み重ねなければならなくなるため、多大な時間と労力がかかってしまうためです。こうなると、ミスを許されないプレッシャーに常に晒されている職員には、さらに大きな精神的負荷がかかってきます。いかに知識・経験を組織として蓄積し、引き継いでいくか、そして職員による判断を支援する仕組みを作っていくかは今後、ますます深刻な課題となってきます。

Ⅱ どんな解決策があるのか（解決の方向性 / 選択肢）

　こうした課題に対して重要となるのは、まずは体系的・計画的な人事ローテーションや教育訓練の仕組みづくり、メンター（指南役）の配置を含めたサポート体制づくりといった人事上の措置ですが、これに加えて、デジタル技術も課題解決に貢献できる可能性があります。人の知識や経験の代替は容易なものではなく、現在の技術パラダイムでは、代替できる範囲は非常に限られてきますが、それでも職員の判断の参考となる情報を提供し、サポートする仕組みを作ることは可能です。

　これにより、業務・サービスの生産性を高め、職員の精神的負担の軽減に役立つ可能性があります。そうした解決策の一つとして開発が進められているのが、過去の膨大な事例の中から、課題の解決に最も適した知識を引き出す AI 技術です（以下これを「最適解提示 AI」と呼びます）。

　例えば、窓口で市民から問合せを受けた際、自然文での質問かキーワードを最適解提示 AI に入力すると、テキストの解析が行われ、その質問に最もよく対応する過去の回答例などの候補を抽出して返す、といった仕組みです（図表 2-4-1）。

図表 2-4-1：回答支援システムのイメージ

（筆者作成）

Ⅲ　事例と効果

　最適解提示 AI は、民間企業では金融機関のコールセンター業務などで、既に大規模に導入が進んでいますが、自治体ではまだ実証実験が何件か行われた程度にとどまっています。戸籍業務については、これまでに大阪府大阪市や同府泉大津市でそれぞれ別の実証実験が行われています。[34]　過去の事例や FAQ を教師データとして使い、職員が入力した質問に対し最も参考になりそうな情報を順位付けして提示する、といったものです。単に業務負荷を軽減するだけでなく、ベテランの知識を継承・蓄積し、共有財産とする、職員の精神的負担を軽減する、といった業務改善の側面のほか、経験が浅い職員による回答のバラツキを抑止し、迅速で正確な回答を実現する、といった住民サービス向上の意義もあります。今後、システムが十分な精度を得て、本格的な実用化に至れば、極めて AI らしい成果が得られると期待されます。

Ⅳ　どうやって導入するのか（導入方法）

　泉大津市の事例では、機械学習させる知識の中に個人情報などの機微な情報は含まれていません。窓口回答支援システムとしては、基本的には住民の個人的な事情に触れる必要はなく、的確に法令や制度を解釈し、結論を導出するのに役立つ参考情報があればよいからです。このため、同市の取組みではシステムをインターネット経由でクラウドサービスとして利用する仕組みが採用されています。クラウドサービスであれば、システムをすべて事業者側で構築・管理できるので、行政側としては特段の仕組みを構築し、管理運用する必要はありませ

3　（公財）東京市町村自治調査会「基礎自治体における AI・RPA 活用に関する調査研究」(2019)
4　大阪市「職員の業務支援における AI の活用事業について」(2020)
　　https://www.city.osaka.lg.jp/ictsenryakushitsu/page/0000444170.html

ん。事業者側としても、システムの運用・保守を現場に赴かずに完結できるので効率的に運用できます。

　これに対し、インターネット接続系端末で取り扱うことが難しい情報を取り扱う業務で、同様の仕組みを作る場合は、LGWAN 経由でサービスを利用することも選択肢になってくるでしょう。

Ⅴ　今後どうなるか（今後の展望）

　前節までに触れた他の AI は、いずれも民間企業で導入事例がある AI を自治体向けにカスタマイズして応用したものがほとんどでした。これに対し、最適解提示 AI は一から開発しなければならないので、AI の中でもかなり難易度が高い技術といえます。コールセンターで同様の仕組みを構築している金融機関でも、何年もの期間と多額の投資を行ってようやく実用性を獲得してきました。金融機関が持つほどの数の問合せデータを持たず、金融機関ほどの大規模な投資を行うことが難しい行政において、実証実験のみで新たに技術を開発するのは、決して容易ではありません。相当規模の学習用データが必要であるという機械学習の制約を考えると、そもそもこの仕組みが成り立つのはごく一部の共通性の高い業務に限られます。また、データが得られたとしても、有意義な学習済みモデルを作れるとは限られません。したがって、開発に参画する官民のメンバーには数ヶ月、数年にわたり、開発に協力し続けるだけの忍耐が必要とされます。AI 開発のプロセスも含めて、職員に AI に触れてもらうことを一種の人材育成の一環として捉えるくらいのつもりで、時間をかけてじっくりと取り組むことが必要です。短期的に確実な成果を求めるべき類の技術ではありません。

　他方で、この仕組みは自治体における AI 活用の取組みの中でも、成功した時のインパクトが最も大きな技術の一つになると考えます。この事業が成功すれば、単なる業務の効率化ではなく、組織として業

File
2

庁内業務の効率化

務知識を持続的に蓄積・活用する仕組みを構築することで、組織の持続可能性を高め、住民サービスを維持・向上させることに繋がります。それが自治体間に横展開していけばさらに多くのデータを獲得できるようになり、より的確な判断が可能となっていきます。次世代の自治体の業務・サービスの在り方を一足先に指し示す、意義深い挑戦と言えます。

File2.5 保育園入園割り振りを自動化する ［数理手法］

保育園入園希望者への保育園の割り振り作業を自動化する

Ⅰ　何が問題なのか（課題認識）

　行政が提供できるサービスや便益に限りがある以上、ときにその提供先を絞り込まざるを得ない場合があります。その選定の優先順位付けにおいて、組み合わせ条件がいくつもあり、候補者が多数に及ぶ場合、職員の業務負荷は作業時間的にも精神的にも重いものになっていきます。こうした課題の典型ともいえるのが、保育園の入園希望者の割り振りです。待機児童問題が深刻な地域では、入園できるかどうか、どこに入園できるかは切実な問題です。割り振りのルールは地域によって異なり、兄弟・姉妹等が何人いるか、同じ施設の利用を希望するか、同時期の入園を希望するかなど、いくつもの条件が重なってくると、条件分岐が無数に広がり、優先順位付けは非常に煩雑な作業となっていきます。その結果、割り振り作業のために、しばしば何人もの職員が何日も缶詰になっての作業を強いられ、住民は結果が出るまで待たされることになります。

Ⅱ　どんな解決策があるのか（解決の方向性／選択肢）

　こうした作業を省力化しようと開発されたのが、保育所入園希望者の自動割り振りのシステムです。同システムに導入先自治体の割り振りルールと入所希望者の条件をインプットすると、ルールに沿って合理的に優先順位付けが行われた"最適解"がごく短時間で導出されます。このサービスは機械学習ではなく、数理手法（最適解を数学的に導出する手法）に拠っています。数理手法でこうした身近な行政課題

を実際に解決したという事例はほとんどなく、ユニークな試みといえます。

Ⅲ　事例と効果

　この解決策は既に商用サービス化されており、国の支援も受けて、様々な自治体で導入が進められています。従来は職員数名で数日間かけていた計算が数十秒で完了できるようになった、といった報告が相次ぎ、大きな注目を浴びることとなりました。このサービスの効果は何と言っても職員の業務処理時間の削減、ミスの軽減、それらの結果としての職員の身体的・精神的負荷の軽減ですが、同時に住民サービスとしても、入所希望者に早期に結果を通知できるという大きなメリットがあります。仮に入園の割り振り結果が不本意なものであった場合でも、結果を早期に知ることができれば、すぐに善後策を講じることが可能になるので、住民にとってはありがたい話です。デジタル技術の活用ではこのように行政側の事務処理の効率化が、住民にとってもメリットになることは少なくありません。

Ⅳ　どうやって導入するのか（導入方法）

　このサービスは、ある大手IT企業によって、自治体との共同研究を経て、オリジナルのサービスとして開発・提供されているものです。したがって、当面は同企業から調達するのが現実解となるでしょう。ただし、類似のサービスも他社によって開発され、提供が開始されているので、今後、こうした参入が相次ぎ、市場競争が活発化すれば、導入のハードルは下がっていくことが期待できます。他の事業者と自治体の共同研究として一からシステムを構築することも可能ですが、当然ながら、相応の努力は必要となります。

　このサービスは、過渡的なトラブルが報告されたことはあるものの、基本的には、既にかなりの完成度に達しており、どのような自治

体にも適用可能です。ただし、割り振りのルールは自治体によって異なっているので、自治体ごとにパラメーターを設定することが必要となります。そのため、実際に導入する際は、暗黙知となっているようなルールも含めて洗い出して整理することが必要となります。その上で計算のための入園希望者データを入力して、はじめて実行可能となります。

Ⅴ　注意すべき点は何か（留意点）

人目を惹く大きな業務時間削減効果で注目を浴びた同サービスですが、計算が"数十秒"になるのは、ルールやデータの入力等の下準備がすべて済んでからの話なので、必ずしも作業が忽然と消滅するわけではありません。また、現状では、実行結果もそのまま鵜呑みするのではなく、職員による確認・検証も行われているので、その業務負荷も割り引いて検討する必要があります。ただし、それを差し引いても、得られる効果はまだ大きいと評価されており、各地の自治体で導入が進められています。

Ⅵ　今後どうなるか（今後の展望）

数理手法は、行政の他の場面でも活用できる可能性はあります。ただし、個別事業ごとに特化したサービスになるので、他の業務への流用がどこまで可能なのか、ビジネスベースに乗るような業務が他に存在するかは分かりません。また、目に見える形で、高い精度を達成できる保証もありません。個別の課題解決の努力の中で、偶然こうした手法による解決の発想が出てきて、それを実際に試してみると、素晴らしい結果が得られた、といった、幾重かの幸運が重なることで初めて具体化していくサービスといえます。

ただし、この保育園入園割振サービスによって、数理手法の有効性が実務で立証されたことは、上記に関わらず、今後に向けて大きな成

果であったと思います。いずれ遠からず、他の領域でもこの技術を用いたアイデアが出てくる可能性はあります。多数の候補の中から選考する必要があること、選考のルールが複雑であること、継続的な事業であり再現性があることなどいくつかの条件を満たせば、例えば、施設等への入居者の選定、助成金等の交付先の選考などの業務で検討の余地があり得ます。今後、こうした検討が様々な領域で展開され、実用化されていくことが期待されます。

File3

住民サービスの
向上

20世紀末に本格化したインターネットの普及以降、行政機関によるICTを活用した住民サービス向上への取組みが本格化しました。当時、施策の中心と目された電子申請のオンライン化はいまだ低い水準にとどまっていますが、既に自治体と住民のコミュニケーションの中心は、ホームページやソーシャルメディアなどインターネット経由へと移行しつつあります。

　自治体と住民の間のコミュニケーションにデジタル技術を活用することで、職員がいない時間帯に自動応答したり、住民の関心等に応じて情報の提供の仕方を変えたり、多言語対応したりといったサービスが可能となります。その先にあるのは、住民一人ひとりのニーズや課題に応じたサービスの提供です。個人情報保護への配慮が前提となりますが、大きな方向性としては、行政サービスのあり方は、"個客"としての住民が求める方向に向かっていくでしょう。

　本章では、デジタル技術の発達と行政への導入が、自治体と住民との関係性をどのように変えようとしているのか、何が可能となっているのか、そして、どのような方向に向かおうとしているのかを、実際の事例に基づいて解説していきたいと思います。

（筆者作成）

<コンテンツ>

File3.1 市民や職員からの質問に対応する ［チャットボット］［SNS/アプリ］

> ウェブサイト等にチャットボットを設置し、住民や職員からの質問に自動応答させる

I　何が問題なのか（課題認識）

　住民からの問合せへの対応は、一時に集中すると自治体職員にとって負担となるだけでなく、うまくかみ合わなければ問い合わせた住民にとっても不満やストレスの原因になります。多くの自治体は、夜間や週末は電話や窓口での対応は行っていませんし、日中も繁忙期には丁寧にゆっくり対応する余裕はなくなります。そもそも多くの住民にとって役所は敷居が高く、初歩的な質問をすることに躊躇する人は少なくありません。

　こうした問合せ対応を効率化し利便性を向上することは、行政機関以上に、民間企業では課題となっています。File 2.4でも触れたように、金融機関などの対顧客業務ではコールセンターに回答支援型の AI（人工知能）を導入するのが一般的となりつつあります。また、ウェブサイトでは、キャラクターに扮した自動応答システムのチャットボットを目にすることが多くなっています。社員自らが応答しなくてもよい簡単な質問はなるべく自動化し、人間にしかできない仕事に注力しようとしているわけです。自治体でも同様の問題意識は高まっており、住民サービスの維持・向上をいかに図るかが課題となっています。

　地方の役場では、住民がコミュニケーション自体を目的として、つまり話し相手を求めて役場を訪れることがあります。こうした人間的な触れ合いも重要でありますが、その余力を確保するためにも、住民サービスの生産性を上げていくことが必要とされています。

Ⅱ　どんな解決策があるのか（解決の方向性 / 選択肢）

　こうした課題に対し、一部の自治体では、コールセンターを設けて問合せ対応業務を集約化したり、業務そのものを外部委託したりといった対応が図られてきました。そうした取組みの一つとして、近年のデジタル技術の発達とともに広く導入されつつあるのが、AI技術を活用した自動応答システムです。

　住民からの問合せ対応を支援するデジタル技術には大きく次の2つのタイプがあります（図表3-1-1）。

（a）住民からの質問に自動応答するチャットボット

（b）質問対応を行う職員に回答の参考情報を提供する最適解提示AI

図表 3-1-1：チャットボットと最適解提示 AI の差異

	（a）チャットボット	（b）最適解提示AI
利用者	住民	職員
主なAIの類型	ルールベース型AI	機械学習型AI
求められる回答精度	100％の正確さ 間違った案内は避けたい	100％でなくともよい 職員の参考になればよい

（筆者作成）

　前者の(a)チャットボットで用いられるルールベース型AIでは、質問に対する回答の組み合わせを、すべてシナリオとして人手で作り込みます。住民からの質問に正確に回答するためには、回答内容を100％コントロールする必要があるからです。このため、シナリオを作り込める範囲はどうしても限られてきます。

　これに対し(b)の最適解提示AIでは、File 2.4 に示したとおり、機械学習が多く用いられます。FAQなどの過去の質問と回答の組合せデータをもとに機械学習を行うことで、新しい質問があったときでも、それに適した情報を確率的に導出できるようにします。これが機能するかどうかは、どれだけ質の高いデータを収集・整備できるかに

かかっています。

　実際には(a)(b)両方を併用する場合も少なくありません。なお、質問対応へのデジタル技術活用の選択肢として、行政からの情報提供の仕組みを民間事業者が代行して徹底的に分かりやすくナビゲーションするサービスも現れています。これも位置づけとしては住民からの情報提供へのニーズに自動的に対応するという点でチャットボットに近い着眼点といえます。

Ⅲ　事例と効果

　チャットボットは最近の自治体での AI ブームの中でも最も取組みの件数が多いサービスの一つです。これまでの取組みを通じて、
・アンケートで利用者の多くから肯定的な評価が得られた
・電話対応の件数が減少した
といった評価が多くの自治体から報告されています。

　他方で、チャットボットの効果を定量的に測定するのは容易ではありません。アンケートは取れても、RPA（ロボティック・プロセス・オートメーション）における業務時間削減のように、説得力のある根拠とはなりにくいです。実証実験まで行ったものの、結局本格導入を見送る自治体も見られます。真にチャットボットを機能させるためには、取組みの意義や目標を明確に定めたうえで、中長期的に育てていくつもりで、腰を据えて取り組まなければなりません。中途半端に試作しただけのチャットボットが利用され、定着することはまずありません。

　なお、民間企業では、利用者向けのチャットボットだけでなく、社員向けのチャットボットも普及しています。特に事例が多いのが、IT 部門のヘルプデスクのチャットボットです。自治体にもほぼ同じニーズが存在するので、多数の FAQ が蓄積されている大規模自治体では今後、導入が進んでいくと見込まれます。既に埼玉県などでは

2018年から導入を開始しています。[1]

Ⅳ　どうやって導入するのか（導入方法）

　チャットボットの技術は成熟しており、多くの自治体向けチャット
ボットは商用サービス化されています。シナリオの素材となる過去の
質疑応答などのデータがある程度蓄積・整理されていれば、比較的短
期間で導入することができます。他方で、ゼロからシナリオを作りこ
もうとすれば、相当の労力を覚悟しなければなりません。チャット
ボットでは一つひとつシナリオを作り込むことが必要なので、カバー
範囲を広げようとすると、それに応じた数のシナリオを用意すること
が必要となります。

　用意するシナリオが少ないと、ちょっとした質問にも「その質問は
分かりません」といった回答を連発することになり、利用者を失望さ
せることになります。他方で、回答を多く用意しようとすれば、シナ
リオ作りにかかる労力が大きくなります。例外処理をすべてカバーし
尽くすことは不可能なので、どこまで回答を充実させるかという利便
性とシナリオ作成の負荷のトレードオフを踏まえての判断となります。

Ⅴ　注意すべき点は何か（留意点）

　前述のとおりチャットボットは完成すれば終わりではなく、むしろ
そこからが本当のスタートです。通常の情報システムと同様の運用保
守が必要になることに加えて、チャットボット特有のタスクとして、
登録されている情報が常に最新のものになっているかどうか、具体的
には、制度改正等に伴う情報のアップデートや、掲載している URL
のリンク切れが起きてないか、といった点にも目を配る必要がありま
す。また、利用者数を維持し、普及促進していくためには、利用履歴

1　埼玉県「庁内の問合せ業務に AI を導入します」（2018）
　（https://www.pref.saitama.lg.jp/a0001/news/page/2018/1016-04.html）

を解析して、課題を解決していくことも重要です。

　例えば、チャットボットの中でも導入自治体の多い、ごみ分別案内では、制度改正による見直しは頻繁にはないものの、問い合わせが集中する質問に関しては、シナリオを充実させていく必要があります。こうした活動を継続的に行っていくためには、特定の職員が属人的に対応するだけでなく、活動を組織化し、実務体制に組み込む必要があります。チャットボットはAIの入門的な手軽なツールのように見えますが、意外に手間がかかる仕組みなのです。

Ⅵ　今後どうなるか（今後の展望）

　現在自治体で導入されているチャットボットのほとんどは、ルールベース型AIです。このため、最先端のAI技術からは少し遅れた技術であるかのように見なされることもあります。機械学習的な要素が無いことから、ときに"人工無脳"と表現されることもあります。しかし、より良い住民サービスのためのツールと捉えたとき、それがどんな技術に拠るかは大した問題ではありません。チャットボットは日本のみならず、世界中の国々の行政機関で導入が進められています。それは、チャットボットは行政と住民とのコミュニケーションに新しいスタイルを持ち込み、住民の利便性を高めるものだからです。特に重要なのは、チャットボットを構築する場合、利用者の動線を意識せざるを得ないがゆえに、自然にユーザー起点のサービスに近づいていく点です。この点が、自治体が伝えたいと考える情報を提供者目線で掲載するだけのホームページとの大きな違いです。自治体職員による行政サービスの捉え方を変えていくという点でも、チャットボットは大きな革新性を有する取組みといえます。

　また、最近のチャットボットは、単独のアプリやウェブサービスではなく、ソーシャルメディアやスマートスピーカーなどを媒介とし、それらのサービスに組み込まれることが多くなってきています。民間

企業では、チャットボットとコールセンターを有機的に連携させ、チャットボットで回答できない場合に、シームレスにオペレーターに引き継いでサポートする体制を組むことが少なくありません。自治体でも、こうした形に発展させていくことが可能です。チャットボットは、他のサービスやデバイスと融合し、互いに補完し合いながら、より高度な行政サービスの実現に向けて、今後も様々な形で発展することが見込まれる技術といえます。

File 3.2 文章の要約を自動化する［自動要約 AI]

議事録等のテキストから自動的に要約文を生成する

Ⅰ　何が問題なのか（課題認識）

　世界中を飛び交う情報の量は年々増加の一途をたどっています。そうした中で、伝えたい情報を的確に受け手に届けるには、タイムリーに、ポイントを絞って情報を発信することが重要となります。自治体が発信する情報の中には、正確性が必須とされる情報と、鮮度が重要視される情報があります。行政手続きに関する説明などは前者ですし、首長の活動報告やイベントの結果概要などは後者に近いでしょう。また、災害情報のように、正確性と鮮度の両者が必須とされる情報もあります。こうした情報発信において、これまで自治体でやや手薄だったのが、鮮度が重要であって、正確性はそれほど重視されない情報の発信です。現在、多くの自治体が Twitter や Facebook などの SNS（ソーシャル・ネットワーキング・サービス）を運用しており、それらを通じて発信される情報には、少なからず、こうした鮮度重視の情報が含まれていますが、その多くは断片的な情報発信程度にとどまっています。これに対し、諸外国では、ブログ等を通じて、行政の考えをしっかり説明していこうとする例がよく見られます。

Ⅱ　どんな解決策があるのか（解決策と事例）

　自治体が情報をタイムリーかつ効率的に発信するための手段の一つとなり得るのが、文章要約システムです。文章のテキストデータをシステムに投入すると、要約された文章を出力するものです。これまでのところ自治体での運用事例は、首長の記者会見録や審議会の議事録など一部に限られていますが、ニーズは確実に存在しますので、利便

性、精度、費用対効果が見合うようになれば、他の自治体にも導入は広がる余地はあるでしょう。徳島県知事の会見や審議会議事録の要約システムは一般公開されており、誰でも利用可能です[2]。要約率を利用者が 10 ～ 90％まで任意に変更できるようになっていますが、あらかじめパーセントごとの要約文が用意されているのではなく、その場でリアルタイムで要約文を生成します。

Ⅲ　どうやって導入するのか（導入方法）

　徳島県の要約サービスの場合、テキスト全文がサービス提供事業者側に置かれており、専用のウェブサイトを通じて利用者が文章の要約を要求する仕組みになっています。この仕組みであれば、自治体側にシステムを構築する必要はなく、事業者側で完結します（図表 3-2-1）。

　これに対し、一般的なサービスでは、要約の要求を受け付けるための API が用意されており、そこに所定の方式でテキストを送付すると、要約された文書が返ってくる仕組みとなっていることが多いです。

　なお、徳島県のシステムは要約のみを目的とするものではなく、議事録作成も含めてパッケージでサービス化されています。これにより、ワンストップで議事録作成から要約公開までが行えるようになっています。そして、議事録作成には別の企業の AI サービスが使われています。他の ICT と同様、AI であっても、使い勝手や業務との親和性への配慮は欠かせません。そのためには情報システムや他のデジタル技術と組み合わせてサービスを作り込むことが必要となりますが、それは AI にあっても変わるところはありません。

2　徳島県庁　徳島発！ AI 要約サービス（https://tokushima.smartshoki.jp/）

図表 3-2-1：要約システムの構成

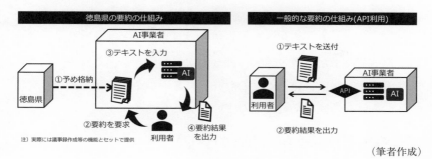

注）実際には議事録作成等の機能とセットで提供

（筆者作成）

Ⅳ　注意すべき点は何か（留意点）

　まずは、要約結果に対する利用者の期待値コントロールが重要です。要約システムは重要なメッセージを正確に拾える保証はありませんし、文のつなぎ方によってはミスリードとなる可能性もあり得ます。逆に、ミスリードが決して起きないことをサービスの必須要件としてしまうと、何年経ってもシステムが完成し、導入されることはないでしょう。また、要約結果をいちいち人がチェックしていては、要約システムの価値である情報の鮮度と業務効率性が損なわれてしまいます。サービスの短所を潰す方にこだわるよりも、利用者にそうした限界を知ってもらった上で、鮮度の価値を理解してもらう方向を目指すべきでしょう。徳島県が利用しているサービスにおいて、利用者自らが要約率を変更できるようにしているのは、この点を利用者に意識させる意味でも有効な工夫であると思います。

　他方で、いくら期待値を下げるといっても限界はあります。要約文があまりにひどく、利用者が離れてしまっては元も子もないので、実用性については十分な検証が必要です。要約システムのレベルはサービス提供事業者によって大きな差があります。同じ文章であっても、プロの人間が要約したかと見紛うような文章を作成するシステムもあれば、文章として読むに堪えない結果しか出力しないシステムもあり

ます。また、行政保有文書にも、政策や計画等の公式文書、プレスリリース、首長の記者会見、審議会等の議事録、SNSでの発信情報など様々な種類があります。うまく要約できるかどうかはシステムの種類によって、また文書の種類によって向き不向きがあるため、一概には言えません。情報発信の目的や許容コスト等を踏まえた上で、利用するシステムの候補を絞り込んでいく必要があります。

V　今後どうなるか（今後の展望）

　文章要約システムは、多くの事業者によって、日進月歩で技術開発が進んでおり、既に相当の水準に達しているものもあります。なかでも某新聞社が開発しているシステムの要約の精度は頭一つ抜けています。今後ともサービス間での切磋琢磨が行われる中で、業界全体として精度の底上げが図られるとともに、より手軽に利用できるようになっていくでしょう。File3.1でも述べたように、筆者は文章の要約は職員の知的訓練として重要と考えていますが、それは内部の会議録で行えばよい話であり、優れた要約システムの圧倒的な利便性やスピードは無視できないものがあります。現在、公開している議事概要作成作業の多くは、こうしたシステムによって置き換えることで、住民サービスの向上と業務効率化の両面に貢献し得ると考えられます。

File3.3 外国語に対応する[翻訳AI] [チャットボット] [SNS/アプリ]

> 地域に居住する外国人向けのウェブサイトやチャットボットの文章を外国語に対応させる

I　何が問題なのか（課題認識）

　ここ数年、増加傾向が続いていた外国人観光客や在留外国人とどう向き合っていくかは、インバウンド需要の取り込みといった短期的・経済的な影響の観点のみならず、多文化共生や地域コミュニティの維持・発展の観点からも大きな課題になりつつあります。その過程で避けて通れない課題が、言語の壁を越えていかにコミュニケーションを図り、必要な情報を伝達するかです。外国人に対し、地域で暮らすための手続情報や守るべきマナーを伝えたり、イベント情報を提供したり、災害発生時等に避難情報を通知したりといった、様々なコミュニケーションが必要となってきます。こうした場面で、どのように外国語と日本語との間で翻訳や通訳を行うかが、ときに人命にもかかわる重要な課題となってきます。

II　どんな解決策があるのか（解決の方向性 / 選択肢）

　外国語の翻訳は、AI の技術開発の中でも古くから主要な研究テーマの一つであり続けてきました。しかしながら、従来の翻訳システムでは実用的な水準まで精度が向上せず、長らく大きな壁に突き当たっていました。言語による意思疎通は、文脈や共有されている背景知識が前提となっているにも関わらず、従来の機械翻訳ではそれらを読み取ることは不可能だったからです。特に日本語の場合、他言語との言語体系の違いが大きいこともあって、翻訳システムが実用レベルに達

するのは、数年前までは、まだずっと先の話だと考えられていました。そうした精度向上の"天井"を突き破り、停滞していた状況を一変させたのが、深層学習（ディープ・ラーニング）技術の登場でした。

　AI技術を活用して外国語でコミュニケーションを図る方法には、大きく機械学習型による方法とルールベース型による方法が考えられます。

■機械学習型AI

　従来の翻訳システムでは、文章を構文解析を行って単語や熟語に分解し、辞書によって置き換えていく、といった積み上げ型で翻訳が行われていました。しかし、深層学習では膨大な文章を分解せずに教師データとして投入し、機械学習させます。その結果、あたかも文脈を考慮したかのような翻訳が可能となり、一気に機械翻訳を実用レベルへと押し上げることになりました。数年前に、Google翻訳の性能が突如飛躍的に向上したタイミングがありましたが、これはまさに、こうした技術革新の成果を翻訳システムに導入したためだと言われています。現在の同システムの翻訳性能は、二流、三流の翻訳者の能力を上回っているとさえ感じます。

　さて、このように、現在の機械翻訳技術は、そのまま文章を投入しても問題なく意思疎通ができるレベルに達しましたが、まだ専門知識を必要とされる現場でそのまま使うには難があります。特に、住民の権利義務に関わるような重要な手続きの案内や、災害時の通報など生命に関わるような連絡では、そのまま一般の機械翻訳に任せることはできません。少なくとも専門用語の「辞書」を作ることは必要となります。すなわち、

・必ずしも正確さを要求されない文章には汎用的な機械翻訳システム
・正確さを要求される文章には、カスタマイズした機械翻訳システム
といった使い分けが必要になります。

　なお、世界的にみると、機械翻訳は Google や Microsoft といったグローバル IT 企業が開発をリードしていますが、日本語は特殊性が強いため、まだ欧州諸言語間の機械翻訳で実現しているほどには十分に精度が上がっていません。他方で、NICT（情報通信研究機構）なども日本語に重点を置いた翻訳で先端的な研究開発を推進し、成果を挙げつつあります。[3] 行政向けの機械翻訳システムを構築する場合は、こうした機関とタイアップしていくことも選択肢となり得るでしょう。

■ルールベース型 AI

　ここまで機械翻訳を前提に外国語対応のあり方を論じてきましたが、ルールベース型 AI を用いたチャットボットによる外国語対応も行われています。特に、ある程度定型的に決まった手続きを案内する場合、コミュニケーションの型がパターン化できること、及び完全に回答をコントロールできることから、ルールベース型の方が望ましいといえます。

　他方で、チャットボットのメッセージの外国語対応は、まだ機械翻訳に任せるには難があります。利用者は、チャットボットの回答は正確であることを期待しますし、正確に翻訳される保証がない以上、人手でシナリオを翻訳する方が現実的です。

Ⅲ　事例と効果

　前節で、外国語対応には、機械翻訳型 AI とルールベース型 AI の 2 つの方向性があると述べました（図表 3-3-1）。首都圏の中でも在留外国人、訪日外国人の割合が高く、外国人への行政サービスに強い

3　総務省「多言語音声翻訳の動向と課題」(2019)
　https://www.soumu.go.jp/main_content/000649747.pdf

問題意識を抱いてきた東京都港区[4]では、これら両方の技術を、場面によって使い分けています。

■ウェブサイト：産官学の共同研究で開発した機械翻訳システムを用いて、リアルタイムに翻訳を行い表示できる仕組みを本格運用させています。

■チャットボット：外国人向けに生活情報や行政の手続きを案内するチャットボットを導入しています。ここで用いる英文のシナリオはすべて人手で作り込んだものです。

　外国語対応は全国の多くの自治体でも課題となっており、潜在ニーズはかなりの規模で存在すると考えられます。なお、港区では外国人でも読めるような簡易な表現を用い、漢字にふりがなを振るなどした「やさしい日本語」による言語サービスも提供しています。

図表 3-3-1：AI 技術を用いた外国語対応のパターンの違い

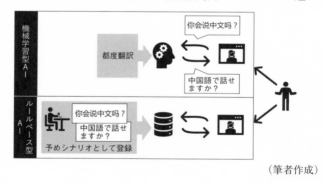

（筆者作成）

Ⅳ　どうやって導入するのか（導入方法）

■機械学習型 AI

　行政向けに特化した翻訳システムは市販化されていません。した

4　若林健次ほか「『港区 AI 元年』―ICT による区民サービス向上と働きやすい職場づくり」行政＆情報システム　2018 年 8 月号・10 月号

がって、導入する場合は、独自にもしくは共同研究によってシステム
を開発するか、開発済みのシステムを流用するか、一般的な翻訳シス
テムを使えるところで使うかのいずれかになるでしょう。独自に開発
する場合、又は開発済みのシステムを応用する場合、職員が関与し、
専門用語を順次登録して精度を高めていくことになります。これに対
し、一般的な翻訳システムの場合、個人情報を考慮する必要がない用
途であれば、インターネット接続系の端末から、直接クラウドサービ
スを利用できます。こうしたクラウドサービスには翻訳用の API（ア
プリケーション・プログラミング・インターフェース）が用意されて
いるので、指定の形式で原文を送信すれば、翻訳文が即座に返ってき
ます。

■ルールベース型 AI

　ルールベース型 AI の場合は、一つひとつシナリオを外国語で作っ
ていくことになります。翻訳者を使うとしても、職員によるチェック
は欠かせません。一般的にチャットボットでは数百のシナリオを用意
するので、それだけの数の原型となる FAQ が既に整備されているか、
新たにそれを作るだけのマンパワーを確保できるかが導入可否を左右
することになるでしょう。

Ⅴ　注意すべき点は何か（留意点）

　機械翻訳システムや外国語チャットボットに限った話ではありませ
んが、File 3.1 でも触れたように、行政では新たな用語や情報が次々
に増えていきます。したがって、一度作ったら終わりではなく、定期
的な更新を行うための運用体制を維持していくことが必要です。ま
た、外国語の場合、どうしても作業に当たっての敷居が高くなるので、
改善や拡充が後回しになりがちです。使い勝手の悪さなどの改善ニー
ズを把握すること自体、日本語のサービスに比べて難しいでしょう。

File
3

住民サービスの向上

用語のアップデートと使い勝手の改善サイクルを回すための仕組みを、サービス開発の段階で慎重に作り込んでおくことが、他のサービス以上に求められます。

Ⅵ　今後どうなるか（今後の展望）

　機械翻訳の性能は、継続的な機械学習の積み重ねによって、現在も向上し続けており、今後さらにその実用性は高まっていくと見込まれます。他方で、専門用語への対応が不要になることは当面ないと思われます。今後も、カスタマイズした翻訳システムの開発と利用が徐々に自治体に広がっていくと考えられます。なお、同じ方言や用語が使われている範囲であれば、自治体間でシステムを共同利用することも可能です。領域によってサービスを自治体間で共有していくことも検討の余地があるでしょう。

File3.4 ケアプランの作成を自動化する ［最適解提示 AI］

> 介護現場でケアマネジャーが作成しているケアプランの一部項目を自動作成する

Ⅰ　何が問題なのか（課題認識）

　少子高齢化が深刻化する中、増加する高齢者の介護を社会全体としていかに支えるかが大きな課題となりつつあります。介護の現場では、増え続ける業務量に対し、サービスの支え手の不足が慢性化しており、しばしば過労や精神的荒廃をもたらしています。こうした中、地域の介護体制を健全に維持していくためには、ケアマネジャーの負荷を軽減し、生産性を上げていくことが重要となります。ケアマネジャーが担っている重要な仕事のひとつとして、ケアプランの作成が挙げられます。その業務を支援する仕組みを提供することができれば、ケアマネジャーの負担軽減に寄与すると目されています。

Ⅱ　事例と効果

　ケアプラン作成自動化の取組みに最初に着手したのは、愛知県豊橋市でした。[5] この事業はスタートアップ企業からの提案を受けて始まったものです。目指したのは、要介護認定の項目や介護保険請求データなどを学習データとし、ケアプランの一部の項目を自動作成する仕組みを作ること、そして、作成したケアプランを実行した場合の予後予測も導出することです。まだ発展途上のシステムではあるものの、今後、要介護認定者とその家族に対する説明力や提案力の向上、ケアマ

5　豊橋市「AI を活用したケアマネジメント」
　https://www.city.toyohashi.lg.jp/36842.html

ネジャー間の知識共有、ケアプランの作成支援による予後の状態改善といった効果が期待されています。なお、上記の企業は、豊橋市以外の自治体でも実証実験を展開しています。

Ⅲ　どうやって導入するのか（導入方法）

　豊橋市の事例は、事業者との包括協定の下で行った実証実験です。当初は共同研究として事業を開始し、その後、予算措置を伴う委託事業へと移行しています。本事業に参画した事業者は、まさにAIによるケアプランの提供に特化したスタートアップ企業です。行政は公共課題と実証実験のフィールドを提供し、企業はデジタル技術を提供し合うことでイノベーションを起こそうとする取組みです。こうした課題解決は、官民どちらか一方だけでは実行困難であり、企業側の積極的な事業のリードと行政側の積極的な協力のいずれもが必要です。こうした関係を築くためには、行政側にも企業活動に対する理解と許容が求められます。企業は当然ながら、実証実験の成功を足掛かりに、将来的な横展開によるビジネス化を企図しています。だからこそ手弁当でも参画するわけです。企業の事業活動に過度に肩入れする必要はありませんが、自治体としては、企業、特にベンチャー企業は乏しい経営資源を元手にリスクを張って事業を行っていること、そして、中長期的にはリターンがなければ事業を続けられないことを理解し、その挑戦に積極的に協力することが重要になります。

Ⅳ　注意すべき点は何か（留意点）

　ケアプランの作成には個人の属性や行動履歴、病歴等のパーソナルデータが必要です。パーソナルデータは、属性と行動の関係性、行動とその結果の関係性などのパターンを分析・導出することができるので、マーケティングをはじめ、データ活用において最も価値の高いデータの一つとされています。ケアプランの場合も、パーソナルデー

タを使って機械学習を行います。AI の有用性は、カギとなるデータを入手できるかどうかによってほぼ決まってくるので、予め十分に調整を済ませ、同意を取り付けてから実証実験に進むことが重要です。なお、パーソナルデータの入手は、開発段階だけでなく、本格導入後も必要になります。時間の経過に伴って、分析対象とする母集団の構成や社会環境などが変化するので、これに対応して更新したデータで再学習させる必要があるからです。将来にわたってデータを利用し続けることを 100％確実にしておくことは難しいかもしれません。それでも、少なくとも一定の条件下ではデータを継続的に入手できるとの内諾は得ておくべきであり、それを欠いたままの見切り発車には慎重であるべきと考えます。

V　今後どうなるか（今後の展望）

　報告書類等の作成に当たり、判断材料となるインプット情報を入手し、一定の手順で分析を加え、アウトプットを導出していくという業務は、行政の様々な部門で見られます。特に自治体間で共通の業務については、本事業（ケアプラン自動作成）と同様の方式で、そこにビジネスチャンスを見出した事業者の関心を呼び込むことができれば、AI 導入の事業が行われる可能性は十二分にあるでしょう。

　自治体でのデジタル技術活用を促進していくためには、事業者の関心を呼び込み、事業者主導のプロジェクトを組成し、リーダーシップを発揮してもらうことが重要です。自治体には、常にアンテナを張ってそうしたチャンスを逃さないようにするとともに、いざという場面ではリスクを取って挑戦する姿勢を保つことが重要になってきます。

住民の属性に応じた働きかけを行う [予測AI]

滞納の催告、健診受診の勧奨等を行うに当たり、住民の属性や置かれた状況等に応じて、最適な時間帯や働きかけ方をデータから導出する

I　何が問題なのか（課題認識）

　憲法第14条に基づく法の下の平等の原則は日本の行政の根幹をなす理念の一つとして、行政の振る舞いを律し、住民からの信頼の獲得・維持に寄与してきました。他方で、地域社会やそこに住む住民が抱える課題が多様化・複雑化する中で、平等の原則を盾に、住民に一律に接することもまた許されなくなりつつあります。自治体には、いかに個々の住民の目線できめ細かく行政サービスを提供できるかが問われています。

　さて、こうしたある種の"個別対応"は、行政側の業務の生産性向上の観点でも有益な場合があります。例えば、最近、国民健康保険料や市税納付等の催告の連絡を行う時間帯を、住民のタイプによって変える取組みが行われています。[6][7]　これにより、限られた行政資源の中で業務の生産性を高め、結果として自治体の歳入確保にも貢献し得ます。住民にいくつかのタイプがあることは経験則的に想定されていたものの、どのような基準で、どのようなタイプに分けるのが望ましいのかは明らかになっていませんでした。住民への最も望ましい接触の仕方を、過去のデータに基づいて再現可能な方法で導出することがで

6　川崎市「市の主な滞納債権を5割超縮減」2019年8月20日報道発表
7　仙台市「市税滞納整理におけるAIによるデータ分析等の委託事業者を募集します」(2019)
　　https://www.city.sendai.jp/choshukikaku/aibipropo/bosyu.html

きれば、無駄なく、効果的に業務の生産性向上を図ることが可能となります。

Ⅱ　どんな解決策があるのか（解決の方向性 / 選択肢）

　自治体が催告を行うに当たり、どのような場合に成功したかについてのパターンや傾向を過去のデータから導出できれば、以後の活動を軌道修正することで、業務生産性を向上させていくことができます。

　例えば、催告先への電話での接触可否の記録があり、その接触の可否がどのような条件と関係があるかを分析します。最もシンプルな方法はクロス集計です。これにより、例えば、家族構成などの住民の属性と電話のつながりやすい時間帯との関係性が明らかになる可能性があります。電話接触の確度が高まれば、当然、生産性も向上します。

　しかし、実際には、住民の属性には無数の組合せがあるので、一つひとつの条件を解きほぐして関係性を明らかにしていくことには限界があります。そこで、過去の電話接触の記録や属性情報などのデータから機械学習を行い、ある属性の組合せを持つ者が最も電話接触率が高くなる時間帯を予測する学習済みモデル（以下「予測モデル」）を導出するといった取組みが行われています。機械学習は、人間の目には見えない複雑な関係性から、人間に理解できるよう解きほぐすことなく、そのまま予測のためのモデルを導出します。これに対し、統計解析では回帰式が導出されるので、計算過程は完全に可視化されますが、事前にどの条件（変数）間の関係性について分析を行うかを特定しておかなければなりません。[8]

　国民健康保険料の徴収や、市税の徴収のための催告業務で行われた

8　線形回帰分析も機械学習の一種とみなされることもあるが、機械学習として一定のコンセンサスがあるのはランダムフォレストやサポートベクターマシン、深層学習といった手法であり、本書でもこれらをもって機械学習と指すこととします。

前述の AI 技術の活用事例では、オペレーターの体感として、電話での接触率が上がってきており、実際のデータでも、滞納者との接触率の改善が確認できたとされています。

　また、住民に特定健診や予防接種の受診を勧奨する場合に、どのようなタイプのメッセージを送ると、どのようなタイプの人の受診率が向上するのかを明らかにする実証実験も行われています。人の行動をある方向に自発的に促すための最適な施策を導出する方法論をナッジといいます。行動経済学という領域の一部であり、2017 年にその生みの親であるリチャード・セイラーがノーベル経済学賞を受賞して以降、一躍脚光を浴びるようになりました。

Ⅲ　どうやって導入するのか（導入方法）

　一般に AI には、データ分析手法としての側面と ICT としての側面の両面があります。AI を実際の事象に適用する場合は、まずはデータを使って試行錯誤しながら予測モデルを作成し、精度を高めていきます。予測モデルの精度が十分に高まり、再現性が確認できるようになると、情報システムの一部に組み込まれ、実際の予測に用いられるようになります（図表 3-5-1）。本節の例でいえば、催告先の住民の情報を予測モデルに投入すると、最も電話接触率が高い時間帯が出力されるようになります。このようにして、データ分析の試みは、実際の業務運用で用いられる ICT へと具現化していきます。

図表 3-5-1：AI の多義性〜データ分析手法としての側面と ICT としての側面

AIには、データ分析の側面とICTの側面の両面がある

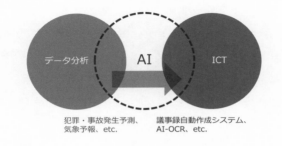

犯罪・事故発生予測、
気象予報、etc.

議事録自動作成システム、
AI-OCR、etc.

（筆者作成）

　納税滞納者や国保未払者への催告などはどの自治体にも存在する業務です。では、開発済みの AI を他自治体に導入できるかといえば、半分はイエスで、半分はノーとなります。

　ある自治体で構築した学習済みモデルは、あくまでその自治体のデータに内在するパターンや傾向から導出されたものに過ぎません。他の自治体のデータに内在するパターンや傾向が異なっていれば、モデルとしての意味をなしません。ただし、モデルは違っても、方法論として流用できる部分は少なくありません。基本的な枠組みをベースに、条件に差がありそうな部分を調整しながら、展開先の自治体のデータを使って改めて予測モデルを作成することで、短期間で構築できる可能性があります。前例としての成功例があるかないかでは事業のリスクも、プロジェクト遂行のハードルも全く異なってくるので、前例がある方が明らかに有利です。

　なお、一つの可能性として、どの自治体のデータにも、実は同じようなパターンや傾向が存在していることも考えられます。この場合、構築したモデルをソフトウェア化すれば、全国に頒布し、どの自治体でも利用できることになります。

Ⅳ　注意すべき点は何か（留意点）

　優れた予測モデルを作成するために必要となるのは、一にも二にもデータです。一般にデータ量が多いほど予測精度は上がっていきます。ただし、ある程度まで精度が上がると、それ以上、データを増やしても精度は向上しにくくなります（図表3-5-2）。データ収集に費やすコストと求められる精度との間でどのように折り合いをつけるべきかは判断が難しいところです。

図表3-5-2：単位データ量あたり精度向上率の逓減

ある程度まで精度が上がると、データ量を増やしても
精度は上がりにくくなる

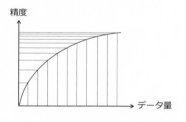

（筆者作成）

　量だけでなく、データの質も無視できません。データに説明がなくて項目の意味が理解できなかったり、データの入力がいい加減で間違いが多かったりすると、そもそもデータとして使いものになりません。とはいえ、完全にきれいに整理されたデータはまずないので、慎重にデータを検証し、地道にデータを整えること（データクレンジング）が重要となります。データの品質を確認しないまま分析ツールに投入してしまうことは、誤った判断のバイアスを与えかねないので慎むべきです。

　また、予測モデルの精度をどれだけ上げられるかは、開発を担当するデータサイエンティストの知識やノウハウ、使用するツール、業務

の知識や土地勘、個人的な意欲などに依存するところが少なくありません。事業者の見極めをしっかり行うとともに、分析結果が出た後でも、事業者の見解を鵜呑みにすることなく、完全に腹落ちし、疑義が解消されるまでしつこく質問し、不明点を解消していくことが重要です。こうした質問に対し、専門用語でごまかすような事業者は疑ってかかった方がいいかもしれません。データ分析は理解のために要求される知識のハードルがやや高いので、慣れないうちは会話をすることにも苦痛を感じますが、諦めなければいずれ理解できるようになります。

V　今後どうなるか（今後の展望）

　本節で解説した AI 活用のアプローチは、本来の機械学習らしい用途であり、他の業務でも幅広く活用の可能性があると考えられます。特に、行政から住民に何らかの働きかけを行う業務であれば、十分なデータ量さえ確保できれば、どのような業務であっても応用できる可能性があります。そうした知見が発見され、組織間で共有されていけば、それだけでも行政の業務生産性向上に大きく寄与すると考えます。

File4

地域課題の
解決

情報システムはこれまで半世紀以上にわたり、行政における業務の効率化の原動力となってきました。情報システムなくして、現在の水準の行政サービスを実現することは全く不可能でした。21世紀初頭に始まったインターネットの普及は、行政と住民とのコミュニケーションのあり方を大きく変えました。今や両者のコミュニケーションの中心はインターネットへと移行しようとしています。そして今、デジタル技術の開花によって、行政の役割そのものが変化しようとしています。

　デジタル技術の本質的な意義は、デジタルデータから新たな付加価値を創出し、課題を解決することです。デジタル技術を活用することで、これまで気づくことができなかった課題を発見し、原因を究明し、解決に導くことができます。その結果、今まで救うことができなかった命を救うことさえ可能となっています。こうした力を使える機会がある以上、行政は、与えられた仕事を遂行するだけの機関であり続けることは、いずれ許されなくなるでしょう。

　本章では、デジタル技術の登場によって、自治体のあり方がどう変わろうとしているのかを、その萌芽となるような事例を示すことで、読者の皆様に感じていただければと思います。

<コンテンツ>

File4.1 公共インフラの問題を早期発見・解決する［市民通報システム］［IoT］

> 道路の損傷などの公共インフラの問題を、住民のスマートフォンや車両搭載カメラを用いて早期に発見・解決する

Ⅰ 何が問題なのか（課題認識）

　高度経済成長期以降、国の公共投資を後ろ楯に、全国に張り巡らされてきた道路や橋梁、建物等の公共インフラの中には、設備の老朽化と自治体財政のひっ迫によって、維持運営が困難となりつつあるものが少なくありません。地域住民の生活基盤となるこれらの公共インフラを維持・改善していくためには、限られた行政資源を効率的・効果的に活用することが重要です[1]。そうした課題のひとつとして、道路などの公共インフラの点検作業の効率化・重点化が挙げられます。その活動にデジタル技術を活用することで、今までなかった地域の"目"を生み出し、問題の早期発見と点検作業の重点化を図ることが可能となりつつあります。

Ⅱ どんな解決策があるのか（解決の方向性 / 選択肢）

　公共インフラに関する問題の発見という社会的機能は、デジタル技術の活用により、大きく次の2つのアプローチが可能となりつつあります。

① 市民通報システムの活用
　住民が公共インフラの問題、例えば、道路の路面損傷などを発見

1　総務省「自治体戦略2040構想研究会」第一次報告及び第二次報告（2018）

した場合、スマートフォンのアプリで問題箇所を撮影し、画像と簡単な状況説明を GPS の位置情報とともに自治体に送ることで、問題の早期発見と状況の的確な把握、速やかな解決を図る仕組みが市民通報システムです。主要な幹線道路の点検には専門的な知識やスキルが必要とされますが、非幹線道路での問題発見ではこの仕組みが機能するとされており[2]、実際に実用化が進んでいます（図表 4-1-1 ①）。なお、多くの自治体では、路面の損傷に限らず、街灯切れ、ゴミの放置、設置物の破損、街路樹や雑草の繁茂など多様な問題が通報の対象としてカバーされています。

②　AI/IoT の活用（画像認識、振動解析）

　車両にカメラや振動センサー等の IoT 機器を搭載して走行しながらデータを入手し、AI による画像解析を行うことで、補修が必要な損傷箇所を発見する取組みです（図表 4-1-1 ②）。従来の人の目視による点検よりもはるかに効率よく問題を発見できるようになるほか、市民通報システムでは監視の目が行き届きにくい幹線道路などでも補修箇所の検出が可能になると期待されています。

図表 4-1-1：市民通報システムや AI/IoT による路面損傷の通報

（出典：浜松市提供データを用いて筆者作成）

以下、①と②それぞれについて、導入の効果、導入方法、留意点、

2　千葉市「ちばレポ（ちば市民協働レポート）」（2018）
https://scirex.grips.ac.jp/news/4128f99ed10dde4cadde000113f352d8649b66eb.pdf

File4.1　公共インフラの問題を早期発見・解決する［市民通報システム］［IoT］→●

今後の展望をまとめて解説していきます。

①市民通報システムの活用

Ⅲ　事例と効果

　この取組みの端緒となったのは、2007年に英国でスタートした
FixMyStreetという、市民がアプリを使って道路の損傷等を自治体に
通報するシステムです。同システムからインスピレーションを受け
て、その後、世界中の国々で同様のシステムが導入されるようになり、
日本でも既に50を超える自治体で導入されています。市民通報シス
テムは、住民側としては、今までは問題を発見しても、どこに通報す
ればよいのか分からない、行政に通報することが躊躇される、といっ
た理由で問題の解決に時間がかかっていたところ、スマートフォンを
一定の手順で操作するだけで済むので、はるかに通報がしやすくなる
というメリットがあります。実際に導入した自治体の多くで、住民か
ら肯定的な評価が寄せられています。また、行政側としても、画像と
位置情報がセットで送られてくるので、電話通報などより状況把握と
対応が容易になります。また、問題発見活動の一部を住民に委ねられ
るようになり、パトロールを効率化・重点化することも可能になりま
す。

Ⅳ　どうやって導入するのか（導入方法）

　この仕組みを機能させるためには、①アプリの開発、②通報後の業
務フローの整備、③住民の参画が必要となります。①については、そ
れぞれの自治体が独自にアプリや専用サイトを作成し、サービスを運
用する場合と、事業者が提供する自治体共通のプラットフォームを利
用してサービスを提供する場合があります。

File
4
地域課題の解決

事業者が提供する既存のプラットフォームを利用する場合、自治体側では、システムの新規開発は必要なくなりますが、通報する問題の分類（例：道路の損傷、街灯切れなど）その他のパラメータの設定、実際に通報が行われた場合の業務フローの整備、市民に利用を呼び掛けるための広報活動など、運用面では様々な対応が必要になります。

Ⅴ　注意すべき点は何か（留意点）

市民通報システムを作動させる上で重要なのは、自治体ごとに構築する運用の枠組みです。まず初期段階では、市民通報システムを導入すると、道路や公園の管理を所管する部署での業務負荷が一時的に増えるので、関連部署としっかりと意思疎通を図っておくことが重要です。また、導入しただけでは利用者は参加してくれませんので、マスメディアなどともタイアップしながら、積極的に広報を図っていくことが必要です。さらに、広報以上に重要となるのは、問題解決を通じた利用者からの信頼獲得です。市民通報システムの利用者の大部分はリピーターで構成されます。こうした利用者に、利用後ももう一度協力しようと思ってもらうためには、迅速で誠実な対応、利用者とのコミュニケーションが何よりも重要となります。ここでもやはり庁内で関係課室との連携・協力体制をいかに構築できるかがカギとなります。

Ⅵ　今後どうなるか（今後の展望）

今後、多くの自治体では、財政のひっ迫や職員のなり手の不足等によって行政が地域課題の解決を一手に担うことは困難になっていきます。地域課題の解決に向けた住民の参画と公民協働がますます重要となる中、市民通報システムはこれからの地域課題解決のあり方を体現する、国内外で依然注目度の高い取組みです。今後も多くの自治体に広がっていくと見込まれます。

欧州では、センサーとしての市民（Citizen as a censor）という考

え方があります。市民の目を、街全体の中でセンサーの機能として捉えていこうとする考え方です。高額な最先端のセンサーやネットワークを備えた IoT システムを導入せずとも、市民の主体的な参画を得られれば、手軽なアプリだけで最先端機器に引けをとらない成果を得られる可能性があることを、市民通報システムは示唆しています。

② AI/IoT の活用（画像認識、振動解析）

Ⅶ　事例と効果

　道路の損傷の発見に画像認識や振動解析の AI を活用しようとする試みは、大学等研究機関と企業、自治体の産学官連携の枠組みで研究開発が進められています。どの取組みも現在は実証実験段階であり、具体的な成果に結実するのはこれからですが、この仕組みがうまく機能すれば、道路の点検業務を大幅に効率化できる可能性があります。また、この仕組みは横展開もできるので、首尾よく成功を収め、全国で利用できるようになれば、得られるメリットは非常に大きなものになると期待されます。

Ⅷ　どうやって導入するのか（導入方法）

　現在行われている実証実験を経て本番運用に移ると、IoT 機器を備えた車両が走行しながらデータを収集し、そのデータから損傷の補修の有無を AI で判断することになります。画像データを解析する例では、スマートフォンにアプリを搭載して撮影したり、ドライブレコーダーに記録画像を利用したりして入手した画像データについて、補修が必要な損傷のある画像にアノテーション（学習のためのタグ付け）して機械学習にかけることで、特徴点を AI に学習させていくわけです。精度を高めていくには、継続的にデータを収集・解析し、異常検

知モデルを更新していく必要があることから、企業や大学等研究機関
との継続的なタイアップが重要となります。

IX　注意すべき点は何か（留意点）

　他の AI と同様、精度を高めていくためには、大量のデータが必要
になります。一口に道路といっても種類や条件は多岐にわたります。
大きな幹線道路と林道では検出すべき損傷のレベルは異なりますし、
同じ対象・条件であっても自治体によって補修すべきかどうかの判断
基準も異なります。雪国では雪道にどう対応するかも課題となるで
しょう。それぞれの状況に対応していくためには、状況ごとに学習
データが必要になります。幅広い汎用性を獲得することを目指すなら
ば、どれだけ多くのデータを入手できるか、そのためにどれだけ多く
の自治体の協力を得られるかが、解析の精度ひいては実用性を左右す
ることになるでしょう。他方で、特定の条件に絞って実用化するので
あれば、社会的な影響度は小さくなるものの、機械学習に必要なデー
タ量も絞られてくるので、実現しやすくなります。

X　今後どうなるか（今後の展望）

　IoT を使ってインフラの状態を点検するというアプローチは、他に
も様々な場面で応用可能であると考えられます。例えば、橋梁のク
ラック（ひび）の点検は、河川や峡谷など条件の悪い場所で足場を組
む必要がある場合、非常にコストがかかってきます。この課題に対し、
ドローン等の移動体を使って撮影した画像で解析を行ったり、打音検
査したりすることで、省力化・無人化を目指す研究が活発に行われて
います。こうした IoT と AI の組合せがどこまで機能するかが、公共
インフラの将来をも左右することになるでしょう。

File4.2 社会的問題の発生予測 ［予測 AI］

> 犯罪や交通事故などの地域問題の発生をデータ解析によって予
> 測し、予防等の対策に役立てる

I　何が問題なのか （課題認識）

　地域社会で起きる犯罪や交通事故、交通渋滞、自然災害など、人々
の生活や人生にダメージをもたらす地域問題に適切に対処していくた
め、自治体や警察では、監視やパトロール、注意喚起、誘導、施設の
改善等によって問題発生を未然に防止したり、悪影響を軽減したりす
る取組みが行われています。予算も職員数も限られる中で、課題に的
確に優先順位をつけて、効率的に活動するために重要なカギとなるの
は、精度の高い問題発生の予測です。

　こうした判断は、従来はベテラン職員が、問題の発生傾向の推移や
環境の変化などを考慮しつつ、長年の経験や勘に基づいて行っていま
した。しかし人事ローテーションの適正化や、ベテランの退職等によ
り、経験に依存した従来型の業務のやり方は限界を迎えています。そ
の一方で、機械学習を含めたデータ分析手法の発展により、より精緻
な予測を、再現可能な方法で行うことが可能となりつつあります。

　デジタル技術を活用すれば回避できたかもしれない住民の利益の損
失、場合によっては人命の喪失を見過ごすことは、いずれの自治体も
許されなくなってくるでしょう。例えば、日本は世界有数の治安の良
さを誇る国ですが、それでも年間30万件近くの犯罪が起きています
し、交通事故による負傷者も年間50万人も発生しています。こうし
た莫大な社会的・人道的損失に歯止めをかけることが、デジタル技術
によって実現できる可能性があります。

Ⅱ　どんな解決策があるのか（解決の方向性 / 選択肢）

　問題発生を予測するためのデータ分析手法は無数に存在しますが、どの場合も、データから傾向やパターンを抽出し、それに基づいて将来の問題発生を予測する、という基本的な流れは変わりません。行政での利用を考えると、現実的な選択肢になってくるのは、例えば以下のような手法と考えられます。

①　クロス集計

　シンプルですが、強力な手法であり、決して馬鹿にできません。データサイエンティストに聞くと、データ分析で持ち込まれる課題の大部分は、実はクロス集計で解決できるといいます。クロス集計では、全体の件数を属性などに応じて複数のグループに分けて比較し、傾向の違いを明らかにします（図表4-2-1）。例えばある種類の事件はどの地域に多いのか、どの時間帯に多いのか、といった構成を比較するだけでも、大まかな傾向を掴むことができます。その結果を踏まえ、どこに優先順位を置いて啓発活動を行うかを判断するための手掛かりを得ることことが可能になります。

図表 4-2-1：クロス集計の例

千葉市の行政区別の車両犯罪の発生率（人口比）
（比率の高さをヒートマップで表示）

	自動車盗	オートバイ盗	自転車盗	車上ねらい
中央区	1.7	2.2	33.9	9.2
花見川区	2	2.7	14.9	3.5
稲毛区	1.6	2.7	29.9	4.6
若葉区	4.1	3	20.5	4.9
緑区	1.4	0.5	15.2	4
美浜区	0.5	1.5	31.4	3

横のクロス：
特に中央区、稲毛区、美浜区に集中

さらに…
・若葉区の自動車盗
・中央区の車上狙い
は他の区と比べ突出している、といったこともわかる。

縦のクロス：
自転車盗の発生率が桁違いに多い

（出典：千葉市の犯罪統計をもとに筆者作成）

② 相関分析・回帰分析

　例えば、筆者が行ったある研究では、File 4.1 で解説した市民通報において、ごみの放置や公共物の破損の通報が多い地区ほど、窃盗犯の犯罪率が高くなるという関係性が見られました。こうした関係性を相関関係といいます。これを応用すると、通報の件数から犯罪の発生件数を予測できる可能性も出てきます。こうした分析を回帰分析といいます。データを用いた予測は回帰分析が基本になります。

図表 4-2-2：相関分析の例（設置物の破損と窃盗犯の関係）

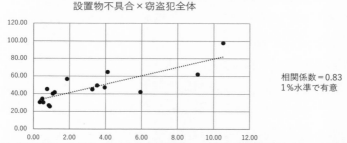

設置物不具合×窃盗犯全体

相関係数＝0.83
1％水準で有意

（出典：相模原市、千葉市、浜松市の市民通報データ及び犯罪統計をもとに筆者作成）

③ 機械学習

　我々の生活の中で最も身近な機械学習の実用例は天気予報です。気象庁では数十年にわたり機械学習の手法を磨き上げてきており、現在、我々が目にする天気予報の大部分は機械学習によって導出されています。[*]

　多数の要因が複雑に絡み合っていたり、データ量が膨大になってくると、人間には理解も処理も難しくなってきます。こうしたとき、

＊気象予報の最終判断は予報官という役職の公務員が行います。前例がほとんどない、数十年に一度の異常気象の兆候を見落とさないようにするためにも必要です。機械学習はあくまで過去の傾向の範囲からしか予測を立てることができません。

データから直接、予測モデル（入力値に対する予測結果を出力する仕組み）を導出する機械学習が強力な武器になることがあります。うまく嵌れば他の手法よりはるかに高い精度を叩き出します。機械学習では、統計解析と違って、どのような要素がどの程度寄与したのかを完全に可視化することができません。しかし、結果としての分析の精度の高さが重要で、プロセスにあまり拘る必要がない領域では役に立ちます。理屈はどうあれ、危険が予測でき、人命を守れればよいではないか、といった割り切りができるような領域です。

　これ以外にも、無数のデータ分析手法が開発・利用されています。マーケティング分野などではベイズ推定などの統計手法が、経営判断では経営状態の可視化に特化した BI（ビジネスインテリジェンス）ツールなどが盛んに利用されています。政府が提供している RESAS（地域分析システム）[3]は自治体版の BI といってよいサービスであり、地域の状況を典型的なパターンで把握するには便利なツールです。政府で今後、有望な領域としてはテキストマイニングも挙げられます。住民からの意見やアンケート、SNS でのコメントなどの自然文客観的・定量的に把握し、分析することが可能となります。

Ⅲ　事例と効果

　最近では、行政の様々な分野でデータ分析による以下のような予測が試みられるようになってきました。

①　犯罪発生予測

　犯罪の発生には、人の往来や周辺の環境、日付や時間帯など様々な要因が関係しているとされます。また、前回の犯行現場から一定

3　https://resas.go.jp/#/13/13101

の距離内で同様の犯罪が起きやすいといったパターンもあるとされ
ます。これらの傾向やパターンから次にどの地点で犯罪が起きる可
能性が高いかを機械学習を用いて精緻に推定するといった研究が、
いくつかの都道府県警察本部を中心に行われています。

②　事故発生予測

　交通事故は起きやすい場所と起きにくい場所に明確な差異があり
ます。交通事故が起きやすい場所を予測するため、ドライバーがブ
レーキを踏む位置などを加速度センサーなどの IoT 機器で計測し、
過去の事故データなどの関連データとマッシュアップする（組み合
わせる）ことで、事故の予測を行う研究が行われています。実際に
埼玉県と本田技研工業㈱が行った共同研究では、高リスクの場所に
安全対策を講じたことで、急ブレーキや人身事故の発生率を大幅に
低減させたという成果も報告されています[4]。

③　渋滞予測

　交通分野での AI の利用は、車社会である米国などで先行して着
手され、商用サービス化が進んでいましたが、近年、日本でも観光
地を中心に、様々な取組みが行われるようになってきています。そ
の一つが、道路の状況をウェブカメラで撮影、AI で解析すること
で車両の交通量を把握し、過去の渋滞データを始めとする様々な
データとマッシュアップすることで渋滞の発生を予測するシステム
です。このシステムの導入によって、事前に交通規制などの処置を
行う取組みが行われています。

④　災害予測

　東日本大震災に伴う津波によって東北・関東地方が甚大な被害を
受けて以来、自治体でも津波に対する関心が高まっており、被害の
抑止に向けた研究が進められています。その基礎となるのが被害予

4　埼玉県「カーナビデータを活用した交通安全対策」（2018）
https://www.pref.saitama.lg.jp/a1001/dousei1006/dousei068.html

測であり、関連する諸条件のデータや過去の災害データをもとに、どのような場合に、どの地域で、どの程度の被災があるかを予測する研究が行われています。同様の研究は様々な領域で応用の可能性があり、河川の水位変化から洪水を予測したり、海岸での離岸流の発生（沖に向かって突然発生する強い潮の流れ）をウェブカメラの水面の画像から予測したりする研究も行われています。

Ⅳ　どうやって導入するのか（導入方法）

　機械学習を用いたデータ分析には、きちんと整備されたデータが必要となります。そのためには、データの作り込みの段階からしっかり設計していくことが重要です。まずはデータを収集するための仕組みをデータの望ましい分析手法を探索しながら作りこんでいくことになります。どのような手法で分析するのがよいのかは条件次第であり、データの量や質、そして何よりも解決すべき課題が何であるかによって変わってきます。クロス集計だけで問題の本質にたどり着き、的確な対策を導出できるかもしれませんし、機械学習が必要な場合もあります。さらに一口に機械学習と言っても無数の種類があるので、データを用いて試行錯誤しながら、最も適した予測モデル（予測を導き出す仕組み）を構築していくことになります。ここまでのプロセスを自動化するツールも登場しています。データを投入すれば、自動的に最も適したモデルを検出してくれるというものです。ただし、相応の利用料がかかってくるので、それなりに腰を据えて取り組む覚悟が必要になります。こうした過程を経て予測モデルが構築できれば、それをソフトウェアに組み込んでツールとして利用することも可能となります。こうした判断を自治体職員のみで行うのは困難であり、傾向の読み間違いや交絡因子（判断結果を誤認させる要因）の見落としも起き得るので危険でもあります。データ専門家の支援を得た方がよいでしょう。

　他方で、基礎となるデータをいかに収集・整備し、活用できる状態
にするかは、基本的に自治体職員の仕事です。データを活用可能とす
るための一連の組織的活動を「データマネジメント」といいます。デー
タの標準化や仕様策定など特定の局面では専門家の支援が必要です
が、データマネジメントの主体は自治体職員です。File 5.4 で概説し
ますが、特別な処理を行うわけではなく、組織としてデータを活用す
るために当たり前に必要となることを、着実に行う仕組みをつくる
（例：正しいデータを入力する）に過ぎません。

V　注意すべき点は何か（留意点）

　データ分析は、ICT の利用などと比べると取り組みにくいテーマ
です。こうすればいいというテンプレート化された方法論はありませ
んし、良い結果が出る保証もありません。良い結果が出たとしても、
それを理解し、説明することも実際の課題解決に結びつけることも簡
単ではありません。どうしても自治体側に、データ分析について一定
の理解があり、庁内のプロジェクトをリードできる職員が必要となり
ます。そうした人材を欠いたままデータ分析を行った場合、次のよう
なリスクを抱えることになります。

①　分析結果のミスリード

　自治体職員でなければ、行政保有データの位置づけや解釈を的確
に行うことは困難です。データを正しく解釈するためには組織の
"常識" が必要となるからです。それを欠くと、データの解釈につ
いてミスリードを招く恐れが出てきます。外部の事業者に丸投げし
てしまうと、しばしばこうした背景の理解を読み違え、的外れな分
析結果を導出したりします。

②　分析結果の死蔵

　職員にしかるべき人材がアサインされ、データの分析結果が正し

く導出されたとしても、それが組織内で活用されるためには、組織の構成員に最低限のデータリテラシーが必要となります。官民を問わず、これを欠いた組織において、有用な分析結果が正当に評価されないままお蔵入りする例は枚挙にいとまがありません。

③　手段の目的化

　日本の自治体職員の特色として、失敗を過度に恐れる傾向があります。これが高じてくると、手段の目的化に傾くようになります。当初の目的を果たすよりも分析結果に合わせて成功したかのような体裁を繕う方向に傾いてしまうのです。

　以上のように、データが活用されるためには、トップを筆頭とする組織としての方向付け、データ分析の意味を理解するリーダーの存在、職員一般（特に幹部職員）の最低限のリテラシーが必要になります。

Ⅵ　今後どうなるか（今後の展望）

　社会的問題の発生予測については、上記のほかにも、感染症の拡大予測、児童虐待の推定など様々な領域で研究や実証実験が展開されています。今後とも、公共分野で利活用できるデータの質・量の充実に併せて、その応用分野もさらなる拡がりを見せていくと見込まれます。自治体にはまだ活用されていない膨大なデータがあります。また、その気になれば、新たにデータを作り出すことも可能です。こうしたデータの活用を推進するために不可欠となるのが人材の育成です。最近では多くの自治体でデータ活用に関する教育研修などが行われるようになりました。それらの受講者の中からデータ活用人材が輩出されていけば、状況は少しずつ変わっていく可能性があります。

　データ分析は、真の意味でAIやIoTなどのデジタル技術を活用するためには不可欠の素養です。高度な統計解析や機械学習を自ら行えるようになる必要はありません。重要なのは自治体にとってのデータ

活用の意義や活用方法を理解し、データマネジメントをリードできる人材です。EBPM（エビデンスに基づく政策立案）の流れもあり、今後はデータの裏付けのない政策立案は許されなくなっていきます。いずれすべての自治体において、こうしたデータ人材の育成が重要な課題となってくるでしょう。

File
4

地域課題の解決

コミュニティ内の取引・処理記録を保全する［ブロックチェーン］

地域ポイントの交換や野菜の生産・流通など、情報や価値の交換に関わる取引・処理の記録をブロックチェーンの"仕組み"によって保全する

I　何が問題なのか（課題認識）

　近年、企業や住民が情報や仮想的な価値を交換するためのコミュニティを形成する動きが各地で見られるようになりました。例えば、地域の商業活動やコミュニティ活動の活性化のために行う地域ポイントの発行や、有機野菜の付加価値を高めるために生産・流通過程を追跡可能とする、関係者間でのトレーサビリティの仕組みづくりなどです。こうした仕組みを機能させるためには、不特定多数の参加者が同時多発的に行う取引や処理（ポイントの授受や食品の流通）の記録が保全されなければなりません。いかにして信頼性の高い記録保全の仕組みを、低コストで構築するかが課題となってきます。

　これまでは、土地の登記であれば行政機関が、銀行口座への預金であれば金融機関が取引・処理の真正性を担保してきました。そうした担保が成り立ってきたのは行政機関と金融機関という、日本社会において非常に信頼度の高い機関が保証してきたからに他なりません。どのようなコミュニティであっても、参加者の利益を保全するための記録保全の仕組みは必要です。しかし、地域でのコミュニティ活動一つひとつに公的機関による関与を求めようとすれば、公的機関のキャパシティは限られている以上、それがボトルネックとなって活動そのものが停滞しかねません。こうしたジレンマに対し、情報システムが生み出す"仕組み"によって記録の真正性を担保し、課題解決に導く可

能性がある技術がブロックチェーン技術です。

Ⅱ　どんな解決策があるのか（解決の方向性 / 選択肢）

　近年、ブロックチェーン技術の活用が、ビットコインを始めとする暗号通貨（crypt currency：仮想通貨ともいう）に限らず、経済社会のあらゆる領域で試みられるようになってきました。ブロックチェーン技術は現在も開発途上の技術であり、必ずしも成熟しているとは言えませんが、ポテンシャルは大きく、全世界で活用への期待が高まっています。うまく活用できれば、改ざん困難な記録保全システムを低コストで構築できる可能性があります。また、ブロックチェーンとして構成されたネットワークには特定の中心点がないので、参加するコンピュータ（ノードという）の一部が故障したとしても、稼働し続けるなど、高い可用性（継続稼働能力）が期待できます。このようにブロックチェーン技術ならではの利点を活用することにより、コミュニティ内で、緩やかながら強靭なネットワークを、低コストで構築できる可能性が出てきています。

Ⅲ　事例と効果

　地域ポイントでのブロックチェーン技術の利用については、様々な地域で実証実験が行われています。まだ本格導入された例はほとんどないので、実際に目に見える形で費用対効果が得られるのは少し先になりますが、既に情報システムの実運用自体は問題なく可能になっています。筆者が所属する（一社）行政情報システム研究所でもブロックチェーン技術を用いた一種のコンテンツ管理システムをある企画のために構築したことがありますが、既存のプラットフォームを利用することで短期間で開発を完了し、問題なく運用することができました。

　農産物のトレーサビリティについては、海外では、珈琲、パーム油、鶏肉など特定の産品の付加価値を高めるものから、流通プロセス全体

の改革に活用しようとするものまで、様々な試みが活発に行われています。日本ではまだ導入は広がっていませんが、宮崎県綾町での有機野菜を用いた実証実験は大きな話題を呼びました[5]（図表 4-3-1）。

　その他にも File 1.9 で概説したように様々な実証実験が行われています。

図表 4-3-1：農産物のトレーサビリティ

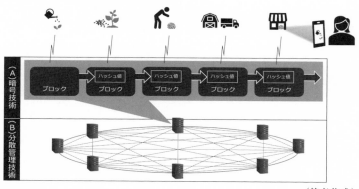

（筆者作成）

Ⅳ　どうやって導入するのか（導入方法）

　ブロックチェーン技術は、様々な企業が使いやすいプラットフォームを提供しており、それらを活用することで、パッケージ化されたサービスとして利用可能になりつつあります。ウェブサービスを一式開発・運用した経験があるエンジニアであれば、それほど苦労することなくシステムを構築することができるでしょう。問題はシステムそのものよりも、どのように事業の枠組を構築し、運用するかです。一種のビジネスモデルの設計になるので、そうした仕事の経験やセンスを持たない一般の自治体職員にとって、ハードルは低くありません。

5　鈴木淳一「ブロックチェーンの自治体での活用事例」行政&情報システム（2017）

ブロックチェーン技術を導入できる技術を持つ事業者を引き込むだけでなく、自治体側においても、組織の中に新しい技術を受け入れる地合いを作ることが必要です。何よりも、File6に示すように、実際にデジタル技術の活用プロジェクトを牽引するリーダーとなる職員をアサインできるかがカギとなります。

Ⅴ　注意すべき点は何か（留意点）

　ブロックチェーン技術はデジタル技術の中でも、最も理解するのが難しい技術であると同時に、最も誤解されやすい技術でもあります。予備知識を持たない一般の自治体職員にメリットを理解してもらうのは、容易なことではありません。他方で、同技術を導入することで、簡単・劇的にコストを削減できる、といったバラ色の喧伝を行う事業者も少なくありません。実際にはブロックチェーン技術は夢の技術ではなく、システムの構築手法の一つでしかありません。導入に当たってある程度の将来像を語ることは必要かつ重要なことですが、推進者自らは、冷静にメリット・デメリットやリスクを見極めて対処していくことが重要です。通常の情報システム以上の効果が出るかどうかは条件によります。所期の効果が得られなかった場合に、ブロックチェーン技術の導入が自己目的化され、体裁を繕うことに汲々とすることにならないよう、あくまで選択肢の一つとして捉えておくことが重要です。導入によってどの程度の効果が見込めるかは、ある程度は事前に推定可能なので、シミュレーションの段階で効果が見込めないようであれば、導入にこだわりすぎないようにすべきでしょう。

Ⅵ　今後どうなるか（今後の展望）

　今後、日本では、社会課題の複雑化・深刻化とともに、様々なレベルでのコミュニティ形成が進展していくと見込まれます。そうしたコミュニティのうち、特にウェブ空間を中心に展開されている活動を支

える基盤技術として、ブロックチェーン技術はその強みを発揮できる可能性があります。スマートフォンのアプリでも、ゲーム分野を中心に、ブロックチェーン技術を活用したサービスが増えてきています。ブロックチェーン技術はデジタル空間での取引・処理の信頼確保を中核的な価値とする技術だからです。まずはこうしたデジタルネイティブのサービスを通じて、ブロックチェーン技術の浸透が進んでいくでしょう。

　他方で、同技術は、一般の行政業務・サービスの領域でも、民間で実用化された技術を流用・応用する形で、徐々に導入が進んでいくと思われます。ブロックチェーン技術が従来型の情報システムより費用対効果や対改ざん性、可用性などの面で優位性を発揮できる範囲はまだ限られていますが、技術の成熟に伴ってそれは徐々に広がっていきます。ブロックチェーン技術はAIと違って基盤技術であり、普段は人の目に触れません。ゆえに、我々の目の届かないところで静かに、おそらく気づかないうちに技術の活用が進んでいくでしょう。

File4.4 ヒトやモノを届ける［ドローン、自動運転］

離島や中山間地域など交通や物流を行き届かせるのが困難な地域の住民に対し、ドローンや自動運転車によって、ヒトの移動や生活に不可欠なモノの搬送等のサービスを提供する

I　何が問題なのか（課題認識）

　地方の離島や中山間地域、都心近郊のいわゆる"オールドタウン"等において、高齢化と人口減少に悩む地域に暮らす住民は、地縁的コミュニティの空洞化による人的つながりの消失、公共交通機関の廃止・削減による移動手段の減少、橋梁や道路などの生活インフラの劣化、商業施設やサービス業者の撤退による生活物資やサービスの入手の困難といった様々な問題に直面しており、地域によっては、生活を営むこと自体が難しくなりつつあります。こうした状態が続けば、過疎化が経済活動を縮小させ、それがインフラや商業機能の維持を困難にし、さらに人離れを招く、といった負のスパイラルに陥っていきます。実際に、完全に住民が姿を消した"消滅集落"は数を増しつつあります。

　衰退が進む地域に暮らす住民の生活条件の悪化に歯止めをかける方策の一つとして、デジタル技術の活用に期待が寄せられています。こうした地域に暮らす住民が抱える最も大きな困難の一つにヒトの移動やモノの搬送の不便が挙げられます。近隣から商業施設が姿を消し、移動しようとしても運転免許証を返納してしまっている、公共交通機関も次々に廃線となっている、そうした状態に対する課題解決策として期待されているのがヒトやモノの新たな移動・搬送手段として登場したドローンや自動運転車です。

Ⅱ　どんな解決策があるのか（解決の方向性／選択肢）

　ドローンは、いわずと知れた無人航空機です。公共分野でも様々な用途で用いられていますが、搬送の用途としては、特に離島や中山間地域など移動の困難な場所への生活物資や医療物資、郵便物等の無人配送に向けた実証実験が各地で行われています。この取組みが実用化されれば、こうした地域の生活可能圏の縮小に歯止めをかけることになると期待されます。なお、ドローンには空中だけでなく、水上や水中、地中など様々なバリエーションが登場しており、活躍の場が広がっています。

　自動運転の実証実験も様々な地域で展開されています。なかでも最近、活発に実証実験が行われているのは、公園や空港などの特定区画内における乗合バスやタクシーなどの公共交通機関としての自動運転車の使用です。なお、ヒトではなくモノを届ける自動運転車の実証実験も、日本郵便株式会社などで行われています[6]。

Ⅲ　事例と効果

　ドローンの実用化に向けた実証実験は、ドローンの販売事業者のみならず、IT企業や航空会社、インターネット通販企業など様々な主体によって全国各地で展開されています。既に、ドローンによる地形観測や災害状況の把握などの用途では、ウェブカメラを搭載したIoTとしての実用化がかなり進展しており、全国の消防本部でもドローンの配備が進んでいます。

　他方で、モノの搬送での利用はまだ実証実験段階にあり、実用化が本格的に進展するのはまだこれからの段階です。特に課題となるのが、航空法を始めとする規制の制度設計です。高速回転するドローン

6　日本郵便株式会社「自動運転車による郵便物等輸送の実証実験の実施」2019年3月15日プレスリリース

のプロペラが万が一、落下して人に直撃すれば、大事故につながりかねません。他方で、あらゆるリスクを回避しようと規制でがんじがらめにしてしまってはドローン活用の進展が阻害されてしまいます。安全確保と利便性の向上をいかに両立させるかは一筋縄でいかない課題です。国土交通省も技術の進歩や実用化の動向を踏まえながら、毎年のように航空法や関連規制の改正を行い、制度整備を進めています。

　自動運転については、高齢者の移動手段をいかに確保するかが差し迫った課題となる中、対策の切り札となり得るのですが、自家用車の完全自動運転の実現はまだしばらく先の話になります。個人の車両では、不確実性が大きく、想定すべき事態の種類が多すぎるからです。これに対し、走行区域やルートが固定されている公共交通機関であれば、十分に実用化が見込めます。

　なお、関連する取組みとして、一部の地域では、AIを活用して乗合タクシーを利用者とマッチングさせ、利用料の低減と利便性の向上を図るスマートフォンアプリのサービスの実証実験が進められています。こうしたサービスも、自動運転車と並ぶ住民の足の代替手段として選択肢になり得るでしょう。

Ⅳ　どうやって導入するのか（導入方法）

　ドローンや自動運転車の実証実験の多くは、基本的には事業者が中心となって進めています。こうした事業では、事業者の活動を的確にサポートするのが自治体の主たる役割となるでしょう。とはいえ、受け身で丸投げしているだけではプロジェクトはいずれ行き詰まります。実証実験の実施に当たっては、国土交通省などの規制当局、道路を利用する場合には警察署、無線を利用する場合は総務省、公共施設を利用する場合はその所掌機関など、多くの機関の理解、承認、協力が必要となります。事業者にとって、こうした機関との調整には大変な労力がかかります。実証実験でどこまでの成果を得られるかは、自

治体がこうした課題に対し、どこまで親身になってサポートできるか
も大きく左右してきます。

　また、実証実験を終えて、本格的にサービス展開する場合には、事
故防止のためのルールづくりや事故発生時の責任関係の明確化など自
動運転・運航特有の検討課題が出てきます。これらは、事前に徹底的
に検討を尽くしつつも、それでも予想できない事態は次々に起きるも
のなので、他の実施主体と事例やノウハウ・教訓などを情報共有しな
がら、実践を通じて経験の蓄積と運用の改善を積み重ねていくほかあ
りません。

V　注意すべき点は何か（留意点）

　事業者は、将来のビジネス化を目指して実証実験を企画し、自治体
に働きかけます。自治体としては、こうした事業者の参入意欲を削が
ないよう、事業内容への過度な干渉を自制する一方、あまりに我田引
水的な事業に流れないように、例えば特定の事業者にロックインされ
てしまうようなルールにならないよう、目を配ることが重要です。

　多くの事業者は、こうした実証実験ですぐに儲けようとまでは思っ
ていません。対象が離島や中山間地域なので、市場規模はあまり期待
できません。にもかかわらず、短期的な採算化が難しいことは重々承
知の上、社会貢献の使命感、そしてそれと結びついた将来の持続的な
事業化の夢に突き動かされて事業に邁進していることが多いです。行
政機関である以上、特定の事業者に不合理な肩入れをすることは許さ
れませんが、こうした事業者の真摯な努力や熱意に理解を示すこと
は、中長期的に健全な関係を構築し、事業者の地域への関心を繋ぎと
めるために重要な要素となります。ときには規制当局との調整に力添
えをしたり、国の補助金や国家戦略特区の申請などに一緒に取り組む
ことも検討すべきでしょう。

Ⅵ　今後どうなるか（今後の展望）

　米国や豪州では、ドローンによる一般家庭への宅配が既に実用化されています。日本とは住宅環境や地理条件が大きく異なるので、一概にはいえませんが、今後日本でも同様の取組みは、特に前述の離島や中山間地域など、落下事故等に伴う安全上のリスクが相対的に低く、生活物資の搬送へのニーズが大きい地域を中心に進展していくと思われます。そうした実績が積み重なってくれば、徐々にその他の地域にも利用は広がっていくでしょう。

　自動運転車も基本的には同様の道をたどると思われます。自動運転車に適した場所は都市部にも多いので、多くの人々がより早く身近に接することになると思われます。

　さらにいえば、自動運転はあくまでも手段でしかなく、その本質はヒトの移動の最適化にあります。ヒトの移動を起点として、その手段を最適化させていこうとする取組みとして、近年、政府や自治体での関心が高まっているのが MaaS（Mobility as a Service）です。バス、タクシー、電車なども含めた移動手段を一つのサービスと捉える考え方です。自動運転もいずれこうした動きの中に組み込まれていくことでしょう。

File
4

地域課題の解決

File4.5 災害から住民を守る [AI] [IoT] [SNS/アプリ] [AR/VR]

> 災害の早期検知、市民への警告、避難誘導、被災状況の状況把握
> 等を SNS や IoT、AI などを使いながら、効果的かつタイムリー
> に行う

I　何が問題なのか（課題認識）

　近年、我が国は、東日本大震災をはじめとする大規模地震、火山活動、相次ぐ大型台風とそれに伴う洪水など様々な自然災害に見舞われてきました。近い将来も、東日本大震災に匹敵する巨大地震とそれに伴う津波に襲われるリスクが指摘されており、沿岸の自治体は対応を迫られています。

　自治体がこうした災害対応を行う上で、デジタル技術は強力な武器になり得ると目されています。特にスマートフォンや SNS を用いたサービスは、人々が災害に直面するたびに、それを克服しようとする努力や工夫を通じて、著しい発展を遂げてきました。LINE は 2011年の東日本大震災を契機として開始されたサービスですし、2016 年の熊本地震では、Twitter による熊本市長のツイートが住民にとっての貴重な情報源となって活用され、大きな話題を呼びました。現在も、災害大国ならではのデジタル技術の開発が、幅広い分野で、様々な企業・研究機関によって進められています。

　さて、災害に際して被災者が最初に必要とするのは、正確で役に立つ情報です。そうした情報をタイムリーに提供できるかどうかが、住民の生命をも直接左右します。被災地では正確で役に立つ情報は入手しづらく、しばしばデマなどの不正確な情報が、被災者を孤立感や恐怖、混乱に陥れます。行政側も現場の正確な状況が把握できなければ、

対応が後手に回りますし、指揮命令系統も混乱します。

　こうした状況下において、正確で役に立つ情報の入手と、それに基づく対策の立案の支援を目指し、デジタル技術が様々な形で活用されつつあります。

Ⅱ　どんな解決策があるのか（解決の方向性 / 選択肢）

　自治体で行われる災害対策の関連領域は多岐にわたります。本書で例示したデジタル技術のほとんどが災害対策でも用いられるといっても過言ではありません。非常事態下にある自治体では、どのように行政の機能を維持し業務効率を高めるか、どのような住民サービスを優先させるか、どのように地域の状況と課題を把握し、解決策を講じるか、といった全方位的な対応が求められるからです。

　デジタル技術はほとんどの場合、他の技術と組み合わせて活用されます。典型的には図表4-5-1のような流れになりますが、バリエーションは無数に存在し得ます。

図表 4-5-1：災害対応における典型的なデジタル技術活用の流れ
災害対応には様々なデジタル技術を組み合わせることが必要

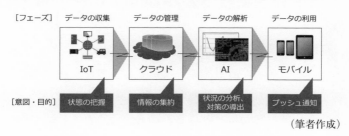

（筆者作成）

Ⅲ　事例と効果

　現在、全国各地で、デジタル技術を活用して防災、減災に取り組むための様々な実証実験が行われています。典型的なものとしては以下

が挙げられます。

① 早期検知

　災害発生の初期段階で、センサーによって異常を検知します。例えば、洪水に備えるため、センサーで水位の変化を検知し、過去の水位データや気象データなどの外部データをもとに機械学習で導出した学習済みモデルに当てはめて発生を予測します。ほかにも津波の早期発見のためのウェブカメラによる海面の画像解析、煙や熱のセンサーによる異常検知など、知覚を担うセンサーとそこから得られたデータを解析するAIを組み合わせて予測や早期検知を行うための技術の開発が進められています。

② プッシュ通知

　住民の大多数にモバイル端末が普及したことで、いままで不可能だった、双方向的でタイムリーな情報の共有や伝達ができるようになっています。いつでも、どこでも、住民一人ひとりに危険を伝えることができるプッシュ通知は、既に地震や土砂災害などの発生時の注意喚起として広く利用されていますが、その他の災害においても、人の生命を初期段階で救うための強力かつシンプルな武器となり得ます。

③ 避難誘導

　スマートフォンの活用によってはじめて可能となったサービスの一つです。災害の状況と個人が置かれた状況に基づいて、最適な避難経路をリアルタイムで計算し、誘導することが可能となりつつあります。

④ 市民通報

　災害時に市民から現場での被災情報の提供を受けられれば、行政が入手できる情報の量と質は飛躍的に向上します。ウェザーニュース社は2018年の西日本豪雨の際、利用者から寄せられた報告をも

とに、地域ごとの水害の有無を判断できるモデルを短時間で開発しています[7]。スマートフォンは、住民が位置情報、画像情報、個人の属性情報など、災害対応上、価値の高い情報を、簡易に行政に提供することを可能とします。

　また、SNS による情報共有も、前述の熊本市の例のように、住民にとって貴重な情報源となるほか、自治体側でも情報収集・発信の手段として、活用されようとしています。

⑤　行政による状況把握・分析

　様々な経路で入手した情報を統合し、データ分析の BI（ビジネスインテリジェンス）ツールを活用して可視化したり、ドローンで空撮した画像から被災状況を把握したり、リアルタイムでハザードマップを生成したりするシステムが開発されています。

⑥　避難訓練

　災害の日常的な避難訓練にもデジタル技術が活用されています。各地で、AI を用いたスマートフォンによる避難誘導の実証実験や、災害の状況を AR/VR によってあらかじめ仮想体験したりする取組みが行われています。

　これらの取組みの共通の軸になっているのはスマートフォンです。スマートフォンは、被災者が最も必要とする情報を行政の側から一人ひとりに対して発信できるとともに、被災者側からも画像や位置情報などの情報を提供できる、理想的な双方向のコミュニケーション手段となり得ます。スマートフォンを住民がどれだけ使いこなせるか、また、行政とどれだけ連携できるかで、防災・減災の取組みの効果は大きく変わってきます。実際に全国の過半数の自治体（2017 年時点で 54％）で災害対応にスマートフォンが前提となる SNS を利用してい

7　ウェザーニュース「西日本豪雨の被害　水害危険エリアの 80％を占める広域で発生か」(2018)
　https://weathernews.jp/s/topics/201807/090065/

ます。[8]

Ⅳ　どうやって導入するのか（導入方法）

　スマートフォンを活用する形でデザインされた自治体向けの防災・減災・被災者支援のシステムやサービスが様々な事業者によって開発され、提供されています。パッケージソフトウェアであれば、システムの導入自体のハードルは大きくありません。こうしたサービスを活用できるかどうかは、実際の運用にどこまでコミットできるかという自治体の判断にかかっています。他方で、AI などを用いた比較的高度なサービスの多くはまだ実証実験段階にあります。今後、災害の予測や早期検知のための AI の精度と実用性が高まり、いずれかの自治体で本格導入へと進めば、やがて商用サービスとして横展開されていくと思われます。こうしたサービスの開発も、現在、多くの自治体で、研究機関や企業とのタイアップによって進められています。

Ⅴ　注意すべき点は何か（留意点）

　今後の災害対応において、デジタル技術は決定的な役割を担うと目されていますが、技術はあくまで対策の構成要素の一つでしかありません。指揮命令系統や組織間連携の確立、住民の参画とシステムのテストも含めた防災訓練などの事前の備えがきっちりとできていれば、デジタル技術を活用せずともそれなりの成果を挙げることは可能でしょう。デジタル技術はあくまで脇役でしかありませんし、事前の備えが十分でなければ、いくら優れたデジタル技術だけを導入しても意味をなしません。また、スマートフォンを活用したシステムも、住民がアプリをインストールしてくれなければ話になりませんし、実際の災害の想定では、スマートフォンが使えなくなるケースも想定してお

8　内閣官房 IT 総合戦略室「災害対応における SNS 活用に関する自治体 web 調査」(2017)

くべきでしょう。十分な事前の備えがあってはじめて自治体による災害対応とデジタル技術の間での相乗効果が起き、従来解決できなかった課題が解決可能となります。

　他方で、実際の発災時には予測不能なことが次々に起こります。その中では、課題解決のために有志のエンジニアなどが、現場からしか発想が出ないような、思いもよらないアプリやウェブサービスを開発することもあるでしょう。前述のように災害はときにデジタル技術の一足飛びでの進歩をもたらします。自治体には、こうした場面で、前例にとらわれず、迅速にその採否の決断を下せるかが問われることになります。

Ⅵ　今後どうなるか（今後の展望）

　ここ数年で自治体では、災害対策基本法に基づく地域防災計画を策定するだけでなく、災害時に行政自らが業務を遂行し続けるための業務継続計画を策定する団体の数が、かなりの割合に達しています。度重なる災害を経て、自治体での防災意識が高まってきていることの現れといえます。他方で、計画は策定すれば済むものではなく、継続的に実効性を高めていく取組みの方が重要です。デジタル技術の進歩は非常に速く、年々より優れた技術をより安価に利用できるようになってきています。継続的に対策をアップデートさせていくことが必要です。

　地域の防災課題は、地域によって大きく異なります。洪水の危険がある地域、津波や高潮のリスクがある地域、火山活動のある地域、雪の多い地域など、事情は様々であり、それぞれの地域に適した方策は異なってきます。現在も、様々な民間事業者によって、様々な防災関連サービスが開発・リリースされています。自治体は、自らのニーズに合ったサービスの開発に対し、実証実験に参画すること等を通じて協力することができます。それがひいては、国全体としての防災技術の進歩に貢献することになります。

File
4

地域課題の解決

File5

デジタル技術の導入・活用の進め方

本章では、ここまで紹介してきたデジタル技術を実際に活用するための基本的な考え方を概説します。一口にデジタル技術といっても、それぞれの技術は全く別の系統のものであり、必ずしも共通性や一貫性があるわけではありません。しかしながら、いずれもデジタルデータによって駆動すること、決まった解決の方向性がないため課題定義が重要になることなど、共通する要素もまた少なくありません。

　デジタル技術は単独で用いられることは少なく、たいていの場合、いくつもの技術の組み合わせで課題解決策が構成されます。また、実際のプロジェクトでは、通常は何らかの専門家の支援を受けることになるので、必ずしも個々の技術の導入方法に精通する必要はありません。

　ユーザー組織として求められるのは、行政課題の解決にとってのデジタル技術の位置づけを俯瞰的に理解するとともに、導入にあたり直面する課題やプロジェクト遂行上のハードル、陥りやすい落とし穴などの留意点、デジタル時代における課題解決の捉え方、デジタル化全体のアプローチなどを理解しておくことです。

　行政においてデジタル技術を活用して業務・サービスを改革していくに当たり重要となるのが、デジタル、データ、デザインの「３つのD」の観点です。本章では、これら３点を軸に、今後の自治体におけるデジタル技術活用の進め方を解説していきます。

<コンテンツ>

File5.1 デジタル技術導入上の課題

> デジタル技術の導入に当たっては、ネットワークセキュリティとの両立、パーソナルデータの利用ルールの整備を始めとする様々な課題への対応が必要になる

　ここまで、デジタル技術の様々な活用パターンを解説してきました。デジタル技術はそれぞれ成り立ちも技術要素も全く異なっており、具体的な導入プロセスにおける共通点は多くありません。しかし、導入の大枠のアプローチや注意すべき点には少なからず共通項が見られます。本章では、デジタル技術活用の検討を進めていくうえで、何が課題になるのか、どこに注意すべきなのか、その上でどのように取組みを進めたらよいのかを、俯瞰的に、かつ重要なポイントに絞って解説します。

I　導入上の課題

　デジタル技術はデジタルデータによって駆動します。このため、デジタルデータの利用に関わる制約条件は、直接デジタル技術の有用性を左右します。自治体でのデジタル技術の活用に際して特に大きな課題となるのは、ネットワークセキュリティとの両立とパーソナルデータの取扱いです。

①　ネットワークセキュリティとの両立

　自治体の情報システムは、ネットワークセキュリティ確保の観点から、基幹系（マイナンバー利用事務系）・LGWAN接続系・インターネット接続系の3層に分け、各層間でのデータのやりとりは厳しく制限することが求められています（図表5-1-1）。デジタル時代の課題解決において、最も有用なデータは基幹系ネットワークに

存在する個人情報をはじめとするパーソナルデータです。これらの
データを活用できれば、住民一人ひとりに合ったサービスの提供や
行政への協力を求めるための働きかけといったことが可能になるか
らです。他方で、AI や IoT、ビッグデータ分析等のデジタル技術は、
クラウドサービスを使ってこそ最もその真価を発揮します。これら
の技術を活用するために必要となる大量のデータを取り扱うには、
柔軟かつ機動的にコンピュータ資源の利用を変更できるクラウド
サービスが最適だからです。しかし、現状、クラウドサービスはイ
ンターネット接続系端末としか接続できないため、パーソナルデー
タを直接処理することはできません。

図表 5-1-1：ネットワークセキュリティとの両立の課題

インターネット上のクラウドサービスでは、パーソナルデータを
取り扱えない

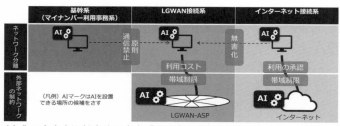

（出典：東京市町村自治調査会「基礎自治体における AI・RPA 活用に関
する調査研究報告書」を元に筆者作成）

　本来最も大きな価値を生むはずのパーソナルデータとクラウド
サービスを直接結び付けられないことが、自治体におけるデジタル
技術導入のジレンマの一つです。この課題を乗り越えるため、
LGWAN 上にインターネット上で提供されているサービスに近い
サービスを再構築して提供する事業者も現れています。いわゆる
LGWAN-ASP サービスです。これまでに AI-OCR や議事録作成、
文章要約、RPA などのサービスがリリースされており、今後もバ

リエーションは増えていくと見込まれます。デジタル技術導入を検討するに当たり、ネットワークの制約をどう乗り越えるかという課題は避けて通れません。

②　パーソナルデータの利用ルールの整備

　ネットワークセキュリティの課題をクリアできたとしても、個人情報を含むパーソナルデータを利用するためには、個人情報保護に係る法令上の制約をクリアしなくてはなりません。まず基本的に、パーソナルデータを利用する際は事前に本人の同意を得なければなりません。しかし、デジタル技術の利用環境によっては、個別に本人の事前同意を得ることは難しい場合もあります。例えば、災害状況の把握や避難誘導にウェブカメラで撮影した人物画像を利用する際、一刻一秒を争う場面でいちいち本人確認を取るのは非現実的です。現実的には、カメラに撮影の目的や用途などを予め明示しておくのがせいぜいでしょう。この場合であっても、まずは個人情報保護条例に根拠を求め、そこに根拠を見出せなければ、個人情報保護審議会に諮る必要が出てくる可能性があります（図表 5-1-2）。

　こうしたやり取りは、当然ながら、手間と時間がかかります。しかし、それより深刻なのは、検討・調整の過程でデータの一部の利用が認められなくなってしまうことです。データを使えなくなることはデジタル技術にとっては致命的なので、このプロセスをいかに乗り越えられるかは、ネットワークセキュリティと同様、事業の成否を大きく左右します。たった一つのデータ項目の利用が認められないがゆえに、事業を断念せざるを得なくなるケースも十二分に考えられます。

図表 5-1-2：個人情報保護に関する対応

本人の同意取得 ▶ 条例への準拠 ▶ 個人情報保護審議会の承認

企画段階	・個人情報の扱いに関する**ルール作り**、または条例に照らして取り扱う情報の利用が個人情報の**目的外利用に該当するか確認**が必要
導入前	・個人情報の利用に関する**説明及び本人の同意**が必要 ・**事前の同意取得が困難な場合**は、条例の定めによるが、施策の必要性、情報の利用目的を公表するための**表示**や、その他**透明性**を高めるための措置が必要
導入後	・条例等の規定がないケースでは、**個人情報保護審議会の承認**を経た判断が必要 ・自己情報の開示請求を受けた場合、個人情報の利用が**事務目的に沿っている**という観点で説明が必要 ・**ＡＩの判断に関する**情報開示請求を受けた場合、当人の申請事項に対する**判断の根拠**がわかるような説明が必要
その他	・**プロファイリング**は、人を評価するための個人情報処理として個人情報保護法の継続的な検討課題となっているため、実施に際しては**慎重な検討**が必要

（出典：東京市町村自治調査会「基礎自治体における AI・RPA 活用に関する調査研究報告書」を元に筆者作成）

③ 責任分界点の明確化

　デジタル技術を活用したサービスやプロダクトが原因となって事故が起きた場合の責任分界点の明確化も、特に AI を用いた自動運転車やドローンの利用で課題になり得ます。デジタル技術はデータによって駆動するので、データの品質がサービスの品質に直結します。そして、そのデータはサービス提供者ではなく、ユーザーである自治体自身が用意することも少なくありません。この場合、データとシステムの提供者が別の主体に分離されることになり、問題が起きたときの原因究明が、従来の情報システムに比べて難しくなる可能性があります。

　従来の情報システムでも発注者である自治体と受注者である IT 企業の間で、仕様等をめぐってトラブルになることは珍しくありませんでした。しかし、その場合は大抵、発注者と受注者の二者間で責任の押し付け合いとなる構図が大半であり、それほど問題の構図は複雑ではありませんでした。これに対し、例えば自動運転車では、AI の機能が原因となって事故が起きた場合、次のように責任を負う可能性のある主体が多岐にわたることになります（図表 5-1-3）。

☑プログラムの作成者（そもそものプログラムにバグがあった）

☑データの提供者（事故の原因となった事象のデータを収集していなかった）

☑機械学習の実施者（誤った判断をするよう学習させてしまった）

☑サービスの開発者（AI による判断を適切に運転機能に反映できなかった）

☑ユーザーである運転手（常識から外れた運転操作をしていた）

　このように、責任の所在を特定するのは容易ではなくなる可能性があります。こうした関係性を踏まえた上で、いかにルールを整備するかが課題となってきます。

図表 5-1-3：デジタル技術の問題に関わる関係者

自動運転車のAI機能は関係者が多く、問題発生時の責任の特定が困難なケースが出てくる可能性がある

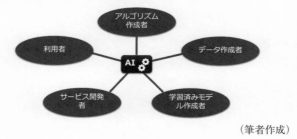

（筆者作成）

④　判断のバイアス

　これは AI 特有の課題ですが、AI による判断において、性別などによる差別のバイアスが発生するリスクにも考慮が必要になってくるでしょう。2018 年に米国の大手 IT 企業が AI を活用した人材採用システムの開発を打ち切ったとの報道がありました。これは、過去に採用したエンジニアの履歴書を教師データとして学習させた結果、エンジニア職はもともと男性比率が高いので、女性としての特徴が不利に評価されるようになってしまった、という話です。問題発覚後、同社は性別で差別が起きないようプログラムを修正した

ものの、最終的には開発自体を打ち切ってしまいました。性別によるバイアスは排除できたとしても、それ以外の要素、出身地や言語など他の属性によるバイアスを完全に排除することは不可能だったからとされています。

ただし、これはやや極端な事例かもしれません。日本の銀行や投資会社などでエントリーシートの合否判定に AI を用いている企業がありますが、これらの企業はエントリーシートで不合格となった応募者には人間が再度の面談を行うといったセーフティネットを設けることで、バイアスのリスク回避に努めています。機械と人間が協働することで課題を解決できる例の一つといえます。

Ⅱ　導入上のハードル

さて、制度的な課題をクリアできる見通しが立ったとしても、実際の導入に当たっては様々なハードルが待ち受けています。図表5-1-4 は、前掲の「基礎自治体における AI・RPA の活用に関する調査研究[1]」でのヒアリング調査で確認されたハードルです。ハードルには、そもそも企画をスタートさせる段階で直面するハードルと、それを乗り越えて実証実験にこぎ着け、本格導入に進む段階で直面するハードルの2段階があります。一言でいえば、前者の検討に際してのハードルは「いかに現場の理解を得られるか」が、後者の本格導入に向けたハードルは「いかに持続的な体制を構築できるか」が問われることになります。

1　一般社団法人行政情報システム研究所及び公益財団法人東京市町村自治調査会「基礎自治体における AI・RPA 活用に関する調査研究」(2019)

図表 5-1-4：デジタル技術導入に当たってのハードル

検討段階と本格導入段階の２つのハードルがある

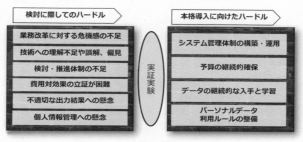

（出典：東京市町村自治調査会「基礎自治体における AI・RPA 活用に
　　　　関する調査研究報告書」を元に筆者作成）

　これらのハードルに対して、既に AI・RPA の導入を進めている自治体では、図表 5-1-5 のような取組みを行っていました。必ずしもすべての自治体がこれらを網羅しているわけではありませんが、先行自治体の中でも、特に優れた成果を上げている団体では、その多くをカバーしていました。逆に、これらをほとんど実施できないような自治体では、デジタル技術の導入には相当の困難を伴うことになるでしょう。組織文化や業務慣行の変革といったハードルとどう向き合っていくかも含め、より戦略的に取り組んでいくことが必要となります。

図表 5-1-5：課題解決に向けた対応策

課題解決に向けた対応策
1．首長がAI活用の検討を推進する方向性を示す
2．AIは課題解決の道具として位置づける
3．現場での課題を抱える担当課が主導する
4．情報システム課や企画課等が支援を行う
5．スモールスタートを切る
6．AIに関するアンテナを持つ人材を発掘し、主導させる
7．外部の事業者や専門家との連携・協働を行う
8．職員に対しAI認知のための研修やデモを行う

（出典：東京市町村自治調査会「基礎自治体における AI・RPA 活用に
　　　　関する調査研究報告書」を元に筆者作成）

Ⅲ　陥りがちな落とし穴

　ここまでは、デジタル技術の導入ありきで論じてきました。しかし、デジタル技術導入に伴う失敗のほとんどは、実はデジタル技術の活用方法そのものの課題ではなく、技術の活用以前のプロジェクトの建付けの仕方を誤ることによって起きています。特に陥りやすい落とし穴は以下のようなものです。

①　手段の目的化

　デジタル技術導入に伴う失敗の典型といってよい事象です。自治体でのデジタル技術の活用は、多くの制約条件の中で進めざるを得ません。その結果、プロジェクトの過程で様々な妥協を強いられるうちにいつしか目的を見失い、導入すること自体が目的化していきがちです。実証実験といえども、ある程度プロジェクトが進んでしまうと組織としても引くに引けなくなってきます。プロジェクトを始動する前のなるべく早い段階で、課題解決の見通しが立たないような、根本的な制約条件を抱えていないか（特にパーソナルデータの利用に関して）、重大なリスクがないか（事故やセキュリティインシデントなど）を、第三者の視点も交えながら、しっかりチェックしておくべきです。

②　住民や職員の課題・ニーズの取り違え

　行政に限らず、権限を行使する者は、良くも悪くも、一段高い視座で俯瞰的に物事を考える癖がついています。また、情報もある程度は自然に入ってくるので、その領域に関する課題は誰よりもよく理解していると錯覚しがちです。しかし、情報入手に関して受け身のまま、現場を理解する努力を怠っていると、やがて真の課題・ニーズを見失っていきます。真の課題・ニーズを取り違えるということは、決して目的には到達しないことを意味するので、その時点

で失敗が確定します。それにもかかわらず、官民問わず、実に多くのデジタル技術の活用の現場で、こうした失敗が起き続けています。

③ 組織／部門／業務ごとの縦割・個別最適化

　人は誰しも、直面する不確実な要素が多くなるほど強いストレスを感じます。関係者が多くなるほど問題が発生する確率は高くなりますし、調整も面倒になるので、これは当然の反応です。このため組織や人は放っておくと、なるべく他からの影響を受けないよう自己完結する方向に傾き、個別最適化していきます。各部門がバラバラに個別最適化すれば、当然ながら組織全体としては非効率化していきます。個別最適化を打開するには全体最適化をミッションとする組織を置き、自然の流れに逆らって、サイロ化された組織の壁を打破していかなければなりません。

④ 事業者の言いなりでの事業化

　デジタル技術は一見、理解するためのハードルが高く、アレルギーを感じる人もいます。こうした職員がデジタル技術の導入を担当することになった場合、しばしば自ら考えることを放棄し、事業者に丸投げしがちです。こうして丸投げされた事業が成功する見込みはまずありません。デジタル技術活用における真のハードルのほとんどは、その組織に固有の制約条件にあります。外部の事業者には、それを解決することはできません。また、そこにメスを入れても是正できないことが分かっているので、組織の制約条件、つまり真の課題の解決を回避し、仕様書に定められた成果物の納品のみを目指して事業化を進めがちです。事業のイニシアティブは、何があっても職員は手放してはなりません。そして、組織固有の課題は職員自らの手で解決しなければなりません。

⑤ 実証実験のアリバイ化

　デジタル技術活用の事業では、実証実験の開始と成果の報告ばかりがクローズアップされがちです。本当に重要なのは、本番導入が

始まった後の事業の持続、継続的な改善、その結果としての成果の刈り取りなのですが、そこが注目されることはあまりありません。

　自治体に限らず官僚的な組織の多くは、新しい選択肢の可能性が見出されても、必要に迫られるまでは風見鶏を決め込みがちです。そうした組織は、近隣の団体が導入しだすと慌てて追随し、自分の団体も努力を怠っていないことを抗弁できるようにします。とりあえず実証実験に取り組んでいれば言い訳はできるので、文字通り、アリバイ作りのための実証実験が行われるわけです。こうしたプロジェクトが成果を生むことはまずありません。実証実験を行えば、一応のポーズは示せるので本番導入に進まなくてもうやむやにできるからです。しかしこれでは、たとえ企業との共同研究方式で、予算をかけずに行えたとしても、人的資源の無駄遣い以外の何物でもありませんし、事業者の間での評判も失墜するでしょう。

　以上の落とし穴はいずれもデジタル技術固有のものではなく、行政さらには官民を問わず多くの組織に共通のものです。したがって、これらがなぜ起きるのか、どう対処すべきかについては、本書では個別には深入りしません。代わりに次節以降で、こうした課題解決にもつながるデジタル技術活用のアプローチを示していこうと思います。

File5.2 デジタル技術導入のアプローチ

> デジタル技術導入を通じて、自治体の業務・サービス改革や地域
> 課題の解決を図るためには、デジタル・データ・デザインの「3
> つのD」の観点を重ねていくことが重要

　本節では、前節で論じた様々な課題を踏まえ、デジタル技術の導入
をどのように進めていくべきかを、どの技術にも共通する重要な観点
やアプローチを中心に解説します。

I　スモールスタート

　デジタル技術の導入に取り組んできた自治体の多くに共通するアプ
ローチの特徴の一つが、スモールスタートです。これは特に歴史の古
い組織において、新しい試みを成功させるための鉄則といってよいで
しょう。人は誰しも、長年、慣れ親しんできたやり方を、他部門や外
部からぽっと来たような者に変えられることに不快感や警戒心を抱き
ます。これは官民問わず共通して言えることです。こうした感情は、
決して軽視できるものではなく、多くの事業がとん挫する根本的な原
因となってきました。どんなに大きな効果が見込まれる素晴らしい施
策であっても、いくらでも粗探しはできます。弱点を見定め、何人か
で行動すれば、事業の企画を潰すことはそう難しいことではありませ
ん。また、直接影響を受けない大多数の職員は、そもそもそうした変
化に概して無関心であり、積極的に擁護したりすることはまれです。
　変化の影響を受ける人々の抵抗を克服し、無関心な人々の支持を得
ていくには、施策の効果を目に見える形で見せて証明していくしかあ
りません。そのために最も強力であり、唯一の手法といえるのがス
モールスタートなのです。まず一つの部署で実際に導入し、目に見え
る成果を上げる。そして、その成果を興味を持ちそうな他の部署に積

極的に見せていく。どんな自治体にも、既存の業務のやり方に問題意識を持っている職員は必ずいますので、探せば関心を示す部署は出てきます。そうして小さな成功を積み重ね、様々な部署に広げていくと、やがて抵抗していた職員の態度が変化していき、ある時点で潮目が変わります。そこまで来ると、全庁展開のハードルはぐっと低くなります。

Ⅱ 短期的取組みと長期的取組み

　では、デジタル技術の導入は、常にスモールスタートで臨むべきかといえば、そうとも言い切れません。まず、既に効果が十分証明され、認知されている試みであれば、わざわざ石橋を叩いて渡る必要はありません。情報システム部門等からトップダウン的に全庁展開していけばよいでしょう。

　また、デジタル技術を活用するための ICT インフラ、例えば、データを連携・共有するための基盤となる情報システムの整備などでは、スモールスタートはあまり意味がありません。全庁的な ICT インフラの構築は、長期的な視野に立って全体設計を行い、ロジカルに計画を組み立ててプロジェクトを進めていく必要があります。なお、ICTインフラの整備といった影響の大きな構想を自治体職員が独力で立てるのは、専門性や客観性の面で難しいところがあるので、一般的にはコンサルタントなどの力も借りながら、計画策定自体を一つのプロジェクトとして取り組んでいくことになります。その一方で、現場に新しいデジタル技術を導入していく場面では、スモールスタートで短期的な取組みを高速で回転させていく必要があります。このように短期的取組みと長期的取組みを柔軟に組み合わせていくことが重要となってきます。

　プロジェクトの進め方としては、デジタル技術の現場での活用はアジャイル的に、そのための基盤となる ICT インフラの整備はウォー

ターフォール的に行うことになります。

Ⅲ　共同利用

　デジタル技術の活用を企画し、開発・導入・運用していくことは容易なことではありません。通常の情報システムの導入であっても、かなりの労力を要するのに、未知の部分、不確実な部分の多いデジタル技術ではなおさらです。そうなると、導入に当たっての苦労を個別の自治体がバラバラに担うのではなく、自治体間で共通する部分はなるべく共同利用すべきではないか、と誰もが考えます。

　情報システムの共同利用については、近年、いわゆる自治体クラウドの導入が各地で進められてきたところですが、AI や RPA などのデジタル技術についても、広域的な共同利用の枠組みを作ろうとする動きが出てきています。うまく共同利用が進めば、費用のスケールメリットが効いてくるほか、運用保守の集約化、知識やノウハウの蓄積と共有など、様々な便益が期待できます。

　他方で、デジタル技術は技術革新の進展が著しいので、数年もすれば時代遅れになってしまいかねません。共同利用化は、大きな効果が期待できる反面、いくつもの自治体が関係することで、動きが鈍くなってしまう可能性もあります。共同利用の仕組み作りの工夫次第ではありますが、そうした技術進歩を考慮せずに場当たり的に枠組みだけを作ってしまうと、遅れた技術に足を縛られることになりかねません。技術の変化も織り込んだ導入の仕組みを作る必要があります。

　また、共同利用化を行う際の前提となるのが、データの標準化です。これはデジタル技術に限らず ICT 全般について言えることですが、データの標準化ができていなければ、共同利用化は無理です。例えば、同じ種類の事業であっても、2 つの自治体間で登録・管理しているデータ項目の定義が食い違っていれば、両者のデータを統合したり、比較分析したりすることは困難です。データの標準化は一朝一夕にで

きるものではありません。それは業務・サービスの在り方をも見直すことになるからです。ある一時期、無理やりデータを成形して共通化し、統合的なデータ分析を行ったとしても、日々生成されるデータが標準化されていなければ、やがて利用できないデータで溢れかえることになります。File 5.4 で詳述しますが、ここはまさに長期的視点での取組みが求められるところです。

なお、共同利用は必ずしも自治体主導である必要はありません。民間事業者が提供するサービスを利用する場合、それを採用した時点で、おのずと同社が定めたルールに乗ることになります。その企業がサービスを広く展開し、スケールメリットが効いてくれば、その恩恵は自治体も享受できるようになります。米国等でも AI 技術の利用は基本的に、民間企業からのサービス購入によって行っています。自治体主導にこだわり過ぎないことも、重要な視点ではないかと考えます。ただし、ベンダーロックインの危険を伴うので、データポータビリティ（他のサービスでもデータを利用可能とすること）を確保しておく必要はあります。

Ⅳ　民間サービスによる行政サービスの補完

最近、一つのムーブメントになりつつあるのが、行政機関側では行き届かないサービスの隙間を、民間企業がデジタル技術によって埋めるサービスの台頭です。行政手続をオンラインで代行・補完したり、手続き情報のナビゲーションをサービスとして提供したり、施策の立案に必要となる他自治体での事例情報などをデータベース化して提供したりする企業が現れています（図表 5-2-1）。自治体側でのデジタル化の進展、組織間での縦割構造の改善を待たず、民間企業側でそれをサービスによって埋めてしまおうというわけです。こうしたサービスは行政機関との接点のある民間企業にとっては、多少のコストを払っても、十分元が取れるだけの効率化が図れるので朗報です。他方

で、民間企業へのサービスが非効率的であるということは、必ず行政側の業務も非効率的になっています。そうした非効率性は本来的には、（国も含めた）行政自身が解決すべき課題です。当面の課題解決にこうしたサービスを活用しつつ、中長期的には、民間企業や行政機関が追加費用を支払わなくても済むよう、業務・サービス改革を推進すべきでしょう。

図表 5-2-1：民間サービスによる行政の非効率性の補完

機関毎の不統一、煩雑さ、分かりにくさを民間サービスが補完

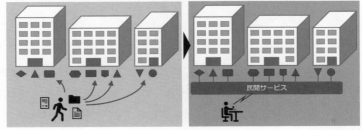

（筆者作成）

V　業務・サービス改革と地域課題解決のための「3つのD」

英国政府で新しい政策立案手法の研究や普及を行っているポリシー・ラボという組織は、政策立案には、デジタル、データ、デザインの「3つのD」が必要であり、これらが重なったプロジェクトが理想であると提言しています。[2]この3つのDは、様々な含意があるキーワードですが、日本の自治体に置き換えて考えてみると、業務・サービス改革と地域課題の解決に向けてデジタル技術を真に活用するために必要となる条件と解することが可能と考えます（図表5-2-2）。以下では、これらの3つのDを、日本の自治体向けに、次の順番・内容にアレンジしつつ、解説します。

2　（一社）行政情報システム研究所、第12回仮想政府セミナー　ベアトリス氏講演資料（2016）

①デジタル：デジタル技術の活用と業務プロセスの一貫したデジタル化
②データ：　データマネジメントによるデータの整備
③デザイン：デザイン思考による課題の発見と特定

　３つのＤそれぞれの日本の自治体にとっての意義は次のようになると考えます。

　①　デジタル

　デジタル技術が、真に組織で活用されるためには、それに関係する業務プロセスが一貫してデジタル化されていることが重要です。デジタル技術の多くは、デジタルデータを投入して初めて稼働しますし、その処理結果として出力されるデジタルデータが組織内で活用されるためにも業務プロセスがデジタル化されている必要があるからです。デジタル技術の活用は、常に業務プロセスのデジタル化と一体として考える必要があります。

　②　データ

　データは今や情報システムの派生的生成物ではなく、情報システムとは別個に管理・共有・活用すべき、独立の組織資産となっています。その資産を活用するためには、データの用途や活用方法を企画し、仕様を定め、生成・管理し、実際に利用し、廃棄するまでの一連のライフサイクルを管理するデータマネジメントが重要となってきます。組織としてデータマネジメントに取り組むか否かによって、データ利活用の範囲や深さには大きな差異が生じてきます。

　③　デザイン

　従来のICTは、電子化や共通化、自動化など何かを"効率化する"あるいは"減らす"という一定の方向性が存在していました。これに対し、デジタル技術には一定の方向性はありません。したがって、いかに課題を探索・特定し、取組みを方向付けるかが重要となって

きます。課題設定を曖昧にしたまま事業を進めてしまうと、まった
く見当違いの方向に事業が進んでしまいかねません。そうした課題
探索のアプローチとして近年、企業や行政機関での関心が高まって
いるのがデザイン思考です。

デジタル技術を真に活用するためには、以上の①～③の３つのDが
重なるようプロジェクトを進めていくことが重要となります。続く
File 5.3 以降でそれぞれを深掘りして考察していきます。

図表 5-2-2：業務・サービス改革、地域課題の解決を支える３つのD
　　　　　デジタル・データ・デザインの３つが重なる事業が理想

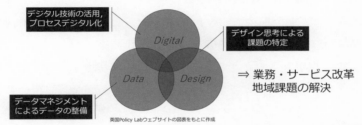

（出典：英国 Policy Lab ウェブサイトを元に筆者作成）

File5.3 ３つのD① デジタル化

> 行政のデジタル化には、業務プロセスのデジタル化、デジタル技術の活用、民間イノベーションの喚起という３つの側面がある

Ⅰ　１つ目のD：デジタル化

　国は、2018年１月の「デジタル・ガバメント実行計画」において、行政のあらゆるサービスをデジタルで完結させることを目指す方向を示しました。さらに、2019年５月に成立したいわゆるデジタル手続法において、デジタルファースト、ワンスオンリー及びコネクテッド・ワンストップからなるデジタル化３原則を定めました。

　デジタル化が行き着くところは、すべての業務やサービスがデジタルに置き換えられた世界です。そこではもはや紙が業務に用いられることはなく、業務処理は完全にデジタル処理に置き換えられます。北欧の電子政府先進国であるエストニアなどは、こうした姿に近づきつつあります。日本も含めた多くの国々は、まだそこに至るには長い道のりがありますが、大きな方向性としては、行政の業務・サービスのデジタル化は不可逆的な流れとなっています。

　さて、デジタル化という言葉は多義的ですが、最近の国内外の変化の中で、以下の３つの意義があることが明らかになりつつあると考えます。

① 　業務プロセスのデジタル化（線のデジタル化）
② 　デジタル技術の導入（点のデジタル化）
③ 　民間イノベーションの喚起（面のデジタル化）

3 　e ガバメント閣僚会議決定「デジタル・ガバメント実行計画」(2018)

①　業務プロセスのデジタル化（線のデジタル化）

　業務プロセスの一連の流れ、例えば申請の受理、審査、決定、通知といった一連の手続きが最初から最後までデジタルに置き換えられ、デジタルデータがフローとして流れるようにすることです。紙が一掃され、デジタル前提に最適化された業務プロセスに移行することを意味します。ここで最も大きなハードルとなるのは、いかに組織文化として染みついた紙前提の仕事の仕方を見直すか、そして住民にデジタル化された行政サービスを使ってもらうかです。

　デジタル化に反対する意見としてよく聞かれるのは、紙の方が一覧性がある、柔軟な対応ができるといった主張です。こうした反応は、紙のやりとりをそのままデジタルに置き換えようとすれば当然起きてきます。業務は初めからデジタルを前提として再設計しなければなりません。デジタル・ネイティブな企業の業務フローは行政とは大きく異なり、きわめてシンプルでスピーディーです。これは、もともと紙を前提としていないからこそできるのです。しかし、長年にわたり紙の利用が深く根付いてきた組織において、紙を一掃するのは容易ではありません。デジタルへと移行していくためには、業務の抜本的な見直し、いわゆるBPR（Business Process Reengineering）と職員の意識改革、組織風土改革が必要となります。この変革においてはAIやIoTといったデジタル技術は必須ではなく、既存のICTのみでも実現可能です。

　また、大きな課題となるのは、住民や企業とのやり取りのデジタル化です。自治体内部の書類をデジタル化しても、住民や企業とのやり取りに紙が残っていれば、二重管理になり、かえって業務は非効率化しかねません。これは行政側だけでは解決できないので時間がかかります。File3.3で解説したAI-OCRは紙とデジタルを橋渡しするデジタル技術と捉えることができます。

　こうした取組みを通じて、線のデジタル化をどこまで進められる

かが、次に示す点のデジタル化、すなわちデジタル技術をどこまで活用できるかの制約条件となっていきます。

②　デジタル技術の導入（点のデジタル化）

　線のデジタル化＝業務プロセスのデジタル化が実現すると、デジタルデータが組織内を流通するようになります。従来は紙を通じて“情報”がゆっくりと組織内を流れていました。それが、デジタルデータに置き換えられると、従来とは比較にならないスピードで組織内を駆け巡ることになります（図表5-3-1の①）。いわば、はじめて組織に血が通った状態になるのです。人体でいえば、線のデジタル化とは、血管や神経網の発達に相当します。その上に、点のデジタル化が育っていきます（図表5-3-1の②）。デジタル技術はデジタルデータの処理フローなくして真価を発揮しません。デジタルデータがあって初めてAIの機械学習は成り立ち、RPAは稼働し、IoTを機能させることができます。人体でいえば、目や耳などの器官で行われる知覚や反射などの処理を、デジタル化された業務プロセス上で行うのが、点のデジタル化です。これによってはじめてデータをフル活用できるようになり、組織の機能が活性化し、豊かな付加価値を生み出すようになっていきます。

図表5-3-1：線／点／面のデジタル化

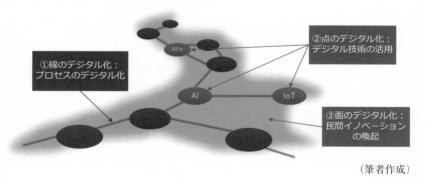

（筆者作成）

③　民間イノベーションの喚起（面のデジタル化）

　線のデジタル化によって、組織にデジタルデータという血が通い、点のデジタル化によって、知覚や反射などの処理機能を備えますが、デジタル化がもたらす価値はそこにとどまりません。次に示すように、行政の枠を超えて、デジタル化による便益は経済、社会に波及していきます。

・技術開発の場と成果共有

　　行政課題や地域課題をデジタル技術を活用して解決するための共同研究等の場を設けることにより、地域におけるイノベーションの創発とビジネス機会の創出を図る試みが各地で行われています。

・オープンデータの共有

　　デジタル化が進むことで庁内の情報がデジタルデータ化されれば、容易にオープンデータとして民間と共有していくことが可能になります。また、データ活用の基盤が整えば、逆に、民間のデータを取り込んでデータをマッシュアップ（組み合わせる）して分析等に活用することも可能になります。

・オープンソースの共有

　　行政で開発したプログラムがオープンソース化されれば、他の行政機関でもそのコードを流用して、低コストで完成度の高いサービスを開発できるようになります。地域の IT 企業のビジネス機会の拡大や、NPO による地域課題解決の手段の多様化といった波及効果が期待できます。

・API による機能の共有

　　後述するとおり、API（アプリケーション・プログラミング・インターフェース）が公開されれば、民間企業が、行政が持つ情報システムの機能を外部から利用できるようになります。その結果、公共サービスに関わる新たなビジネスの創発や業務生産性の

向上への寄与が期待されます。

　このように、行政のデジタル化が民間企業のビジネスやNPO等に
よる社会活動を活性化し、イノベーションの創発に寄与するようにな
ります。その変化の影響は役所の業務プロセスを超えて、地域社会に
波及していくことになります。これが面のデジタル化です（図表5-3
-1の③）。

　近年、注目を集めているインドでの取組みに、インディア・スタッ
クと呼ばれる、官民が共同利用するデジタルインフラの構築がありま
す。個人IDやeKYC（電子的な本人確認）、電子書庫、支払・送金、
電子署名などの機能を提供するAPI（アプリケーション・プログラミ
ング・インターフェイス）を集約した"棚"（Stack）です。もともと
は、銀行口座も持てない貧困層の人々に公的助成を給付するにあたり
（例：プロパンガスの利用促進など）、資金の流れの途中にある官僚組
織や地域組織による搾取を排除し、直接給付するための仕組みとして
構想されたものでした。しかし、インドが目指したのは、より広く官
民が共同利用するデジタル化のためのインフラの構築でした。データ
そのものは分散管理しつつ、取り扱う情報を絞り込むことで、高いセ
キュリティと、オープンさを兼ね備えた、デジタルインフラとしての
優れた仕組みは、多くの民間企業によって、新たなビジネスの創出や
業務の効率化に活用されています。金融、保険、決済、医療、観光な
ど様々な領域のサービスの開発に活用されており、スタートアップ企
業での利用率は7割に及びます。いまやインドの街角は、どの店にも、
屋台にすら、スマートフォンによるキャッシュレス決済のための二次
元バーコードが表示されています（図表5-3-2）。これもインディア・
スタックがもたらした大きな成果の一つです。

　行政のデジタル化を構想する際、地域の経済・社会への波及効果を
想定することは、今後ますます重要な視点となってくるでしょう。

図表5-3-2：インディア・スタックによる"面のデジタル化"

出発点：銀行口座も持てない貧困層に直接、給付を届ける

➡決済、個人間送金、医療、観光などあらゆる領域で、民間企業がサービス提供に利用

➡社会全体のキャッシュレス化、デジタル化を支えるインフラに

（筆者作成）

File
5

デジタル技術の導入・活用の進め方

Ⅱ　官民のサービスの融合〜API化とコネクテッド・ワンストップ

　こうした行政のデジタル化と民間企業の活動との融合は、行政手続きという側面に限っても様々な変化をもたらします。

　一つは、File 1.10で概説した、行政手続きへのAPIの導入による変化です。政府のデジタル手続きの総合窓口e-Govでは、数年前からAPIの導入へと舵を切っています。APIはうまく組み込むと、外部のサービスや機能をあたかも自組織のシステムの一部であるかのように使うことが可能となります。例えば、民間企業側で利用者向けの画面などのユーザーインターフェースを用意し、行政とのやり取りが必要な部分だけAPIを通じてバックヤードで処理を行うといったサービスが構築できるわけです。e-Govでは、APIの公開後、次々に民間事業者が参入し、行政と最終利用者を仲立ちする形で使いやすいサービスが開発・提供されるようになりました。

　また、本章冒頭で触れたデジタル手続法のデジタル3原則のひとつであるコネクテッド・ワンストップもこうした官民のサービスの融合に向けた動きの一つといえます。従来は個別に処理しなければならなかった官民の様々な手続きを、バックヤードで相互に接続することで

ワンストップで実現しようとするものです。典型的な例としてよく挙げられるのが、引っ越し手続きです。引っ越しの際に行政機関や民間企業との間で必要となる各種の手続き、具体的には、転入転出届、運転免許証の書換え、電気やガス、水道などの切り替え、カードや銀行口座の変更登録などを一回の申請で可能とすることを目指すもので、政府はデジタル・ガバメント実行計画において、子育て、介護、引越し、死亡・相続などを先行分野として位置付け、サービスの開発を進めています。

Ⅲ　アプリベースの行政サービス

　このほか File 4.1 で解説した市民通報システムも、デジタル技術を活用して行政と住民の新たな関係性を構築しようとする取組みであるといえます。この仕組みは住民による地域課題の解決への参画のハードルを下げるという側面に加え、情報システムとしても、行政には従来なかった画期的な仕組みとなっています。すなわち、モバイルが前提であること、民間企業が運営するプラットフォームを利用していること、行政と住民の関係がインタラクティブ（相互作用的）かつリアルタイムであること、そして、何より、徹底した住民目線でサービスが設計されていることです。そうでなければ住民に使ってもらえませんし、どの程度使ってもらっているかは数字としてはっきり結果が出てしまうので、行政側も真剣にならざるを得ません。

　これ以外にも LINE など企業の SNS（ソーシャル・ネットワーキング・サービス）のプラットフォーム上で行政手続きを完結させようとする試みも行われるようになりました。[4] 既に福岡県福岡市などで導入が始まっている粗大ごみの収集申し込みサービスは、短期間で相当数の利用者を電話など既存の申請経路からシフトさせています。ま

4　福岡市「粗大ごみ収集を LINE で申し込みできます！」（2020）
　　https://www.city.fukuoka.lg.jp/kankyo/kateigomi/hp/LINE-sodaigomi.html

た、チャットボットと組み合わせて、こうした手続きの前段階のナビゲーションをアプリ上で行うサービスも様々な企業から提供されています。

　このように、官民をまたいでシームレスにデジタル化が広がる、"面のデジタル化"の上で、従来にない新たなサービスの開発やデジタル技術の活用が活発に行われつつあります。

File
5

デジタル技術の導入・活用の進め方

File5.4 ３つのＤ②　データマネジメント

デジタルデータを共有・流通させ、付加価値を生み出すために
は、データ起点でデータマネジメントを行うことが必要

Ⅰ　デジタル技術にとってのデータ

　デジタル技術は、用途も、技術の構成要素も多種多様ですが、一つ
共通しているのは、File1.1 で触れたように、いずれもデジタルデー
タを生み出すか、処理することを通じて新たな付加価値を生み出すと
いう点です。従来のICTは、人が扱う情報をデータとして入力・処理・
出力するための技術でした。これに対し、デジタル技術では、デジタ
ルデータは情報システム間をまたいで流通し、共有され、処理される
ことを通じて独自の付加価値を生み出します。また、データを介して
異なる技術同士がつながることで、新たな付加価値を生み出します。
File4.5 で防災のためのデジタル技術として例示したように、IoT で
収集したデータが AI によって解析され、SNS を通じてプッシュ通知
が行われる、といった形で複数の技術が組み合わさってサービスが構
成され、そこにデータが流れるわけです。そして、デジタル技術によっ
て処理されるデータが集積されれば、ビッグデータになっていきます。

Ⅱ　ビッグデータとデジタル技術

　ビッグデータが持つ今日的な意義と、可視化して利用していくため
のアプローチについては、File1.10 で概説しました。では、ビッグデー
タはどのようにデジタル技術と組み合わせて活用することになるの
か。ビッグデータは、統計解析や AI の一類型である機械学習による
データ解析を行うことで、集約化や可視化だけでは得られなかった、
豊かな知見が得られる場合があります。

　機械学習によってビッグデータを分析する場合、可視化で行ったような集約化のプロセスは必ずしも行いません。量が膨大であってもあえてサイズそのものの調整は行わず、必要な前処理を行ったうえで、深層学習の分析ツールなどに投入し、長時間かけて解析を行うこともあります。そしてその結果導出された判断の仕組みを情報システムに組み込んで予測や識別などに利用します。

　他方で、ネットワークにおけるデータ転送速度の向上やデータ処理の負荷軽減の目的で、IoT 機器で収集したデータをそのまま伝送せず、IoT 機器に近い場所で、一部の処理を済ませてしまうことがあります。これをエッジコンピューティングといいます（図表5-4-1）。この技術により、IoT の実用性とデータ利用の幅が一層広がりつつあります。IoT から得られるデータが膨大になると処理や、伝送に大きな負荷がかかってくるからです。今後のビッグデータの本命は IoT から得られるデータです。その流通を円滑にするネットワーク技術とサービスの開発も活発に進められています。

図表 5-4-1：エッジコンピューティング

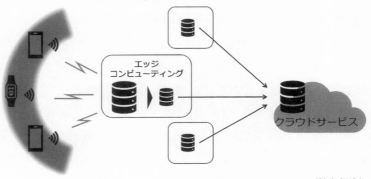

（筆者作成）

Ⅲ　データ分析手法としての AI と ICT としての AI

　File 3.5 でも触れましたが、AI には、データ分析手法としての側面と ICT の一類型としての側面の両面があります。大学等の研究機関で行われる機械学習を用いたデータ分析も AI の一類型であり、業務の現場で使う情報システムに組み込まれた学習済みモデルも AI の一類型です。

　一般的には、新しい AI 技術は研究機関でデータ分析技術として生まれます。収集したビッグデータを様々な角度から分析し、予測や識別を行う学習済みモデルを構築します。次に、作成した学習済みモデルを元に、自治体等のユーザー組織と協力しながら、現実に近い実験環境を設けて実証実験を繰り返し、実用化の課題を解消していきます。こうして学習済みモデルが実用レベルに達するといよいよ本番運用が始まります。通常は、実証実験でタイアップした自治体で行われます。そうして残った実務課題を解消しながら学習済みモデルとそれを組み込む情報システムをブラッシュアップしていきます。そして、どこに出しても問題がないくらいに品質が高まると、いよいよサービスとして全国展開されていきます（図表 5-4-2）。

　このように、AI は発展段階に応じて、データ分析技術から ICT へと位置づけを変えていきます。他のデジタル技術の領域でも、基本的には似たような流れで新たな技術が開発され、普及していきます。なお、ICT として普及した AI はやがてコモディティ化（日用品化）していきます。この段階に至ると誰もそれを AI と呼ばなくなります。こうして、AI であることを"卒業"し、次の新たな AI がどこかの研究室で産声を上げるのです。

　これらのどの段階の AI でも常に必要とされる取組みがあります。それがデータを活用できる状態に維持し、改善する活動であるデータマネジメントです。

図表 5-4-2：AI の位置づけの変遷

AI は「データ分析手法の選択肢の一つ」から「ICT の一部」へと
位置づけを変えながら、実務へと実装されていく

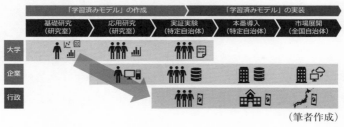

（筆者作成）

Ⅳ　データマネジメント

　最近まで、データはコンピュータの付属物ないし副産物のように見なされがちでしたが、官民でのデータ活用とデータ流通の取組みが本格化する中、データの社会や組織の中での位置づけが変化しつつあります。具体的には、データを情報システムとは別個の経営資源として捉え、適切に企画し、仕様を定め、生成し、管理・保守し、利用して廃棄するという、ライフサイクルを通じた管理が重要であると認識されるようになってきました（図表 5-4-3）。こうした一連の取組みをデータマネジメントといいます。データマネジメントを適切に行うことで、データの品質（ばらつきやエラーが少なく、正確に現実を投影している）が向上し、今まで見えなかった特徴を正確に捉えることが可能となります。データの質・量を不可欠の要素とするデジタル技術の普及とともに、データマネジメントは、企業にとっても、行政にとっても重要性を増しつつあります。

　データマネジメントといっても必ずしも特別な処理を行うわけではありません。データの用途を明確に定義する、誤ったデータを入力させない、データの活用を継続的に促し続ける、といった当たり前のことを当たり前に行うだけです。重要なことは、データを情報システムとは独立のライフサイクルを持つ資産として取り扱うことです。この

視点が欠けていると、データの品質が維持されなくなったり、相互運用性が不十分となり情報システム間でのデータの共同利用や流通ができなくなったりします。行政におけるデータマネジメントについては、一般社団法人行政情報システム研究所と一般社団法人データマネジメント・コンソーシアムが2015年度から2016年度にかけて共同で調査研究を行い、報告書や行政向けハンドブックを作成・無償公開しています。これから自治体でデータ活用に取り組まれる方にとって有用な知識が詰まっています[5]。

図表5-4-3：データマネジメントの流れ

情報システムとは独立の観点で、ライフサイクルにわたって
データマネジメントに取り組むことが必要となる

（出典：行政情報システム研究所「行政へのデータマネジメント概念の
　　　　普及に関する調査研究」）

5　行政情報システム研究所「行政におけるデータマネジメント実践に関する調査研究」報告書
　　を公開（https://www.iais.or.jp/reports/labreport/20171201/datamanagement2017/）

File5.5 3つのD③　デザイン思考

> デザイン思考とは、サービスを利用する際の利用者の一連の行動
> に着目し、サービス全体を設計する考え方であり、デジタル技術
> を通じて解決すべき課題を特定するのに役立つ

I　デジタル技術の特性とデザイン思考

　デジタル技術の大きな特長の一つは、File1.1で述べたように、地域課題の解決に直接貢献し得ることです。技術が課題の解決に役立つためには、そもそも何が課題であるかを的確に把握していなければなりません。現場の自治体職員にとって、担当する事業のどこに課題があるのかは、一見自明のように見えます。しかし、その認識には常に拭いがたいバイアスがかかっており、そのフィルターを通してしか物事を見ることができなくなっています。これは自治体職員に限らず、どのような企業や組織の構成員であっても同様です。例えば、行政が住民の課題やニーズを把握しようとする際、多くの場合、住民へのアンケートや有識者へのヒアリングを行います。これらは重要なツールではありますが、質問を設定した時点で、既にバイアスが深く影響を及ぼし、解決の方向性を決め打ちしています。そもそも何を質問すべきなのかを徹底的に掘り下げて考えない限り、課題ありきの出来レースのような調査結果しか出てきません。既存のステレオタイプにとらわれず、そもそも何が利用者の真の課題やニーズなのかを探索し、解決の方向性を見出すアプローチがデザイン思考なのです。

II　デザイン思考とは

　2017年に政府が策定した「デジタル・ガバメント推進方針」では、サービスデザイン思考（デザイン思考とほぼ同義）を次のように定義

しています。

サービスを利用する際の利用者の一連の行動に着目し、サービス
全体を設計する考え方である

例えば、ある手続きを改善しようとするとき、多くの自治体職員は
まずオンライン化を想起します。オンライン化すれば、ウェブサイト
上で書類を作成できるし、窓口に来て並ばなくても自宅で申請でき
る、結果もメールで受け取れる、と考え、システム導入に向けた企画
の検討を進めていくわけです（図表5-5-1）。

図表5-5-1：行政官から見た手続きの流れ

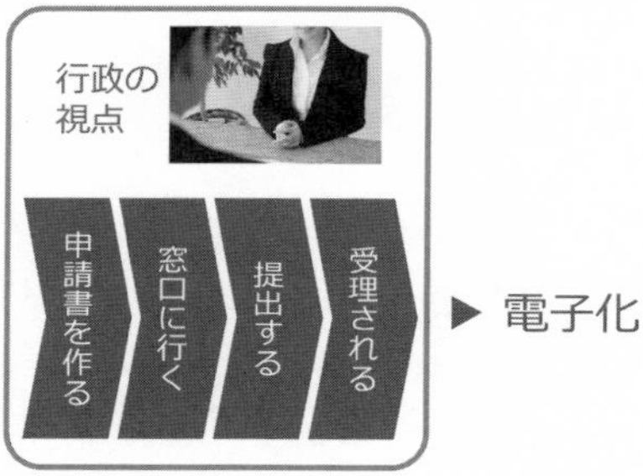

（筆者作成）

しかし、行政が構築するオンラインシステムは、想定通りに利用し
てもらえないことが少なくありません。こうしたとき、まず原因とし
て想起されるのはシステムの操作性やナビゲーションの問題、広報の
不足などですが、そもそも利用者にとっての真の課題は実はオンライ
ン化とは関係がないところにあった可能性も考えてみる必要がありま
す。

利用者はそもそも手続きの存在を知らないかもしれないですし、
ウェブサイトを見ても難解で理解できないかもしれない。問い合わせ
てもたらい回しにされているかもしれない。何をすべきかが分かって

も、必要書類を集めなければならない。ここまで試行錯誤を経験して、はじめてオンライン申請のプロセスに入れるわけです。極論すれば、申請自体は大した手間ではないかもしれないのです（図表5-5-2）。

図表 5-5-2：市民から見た手続きの流れ

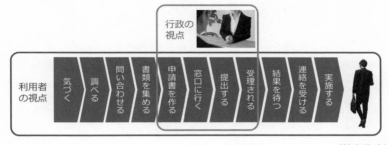

（筆者作成）

Ⅲ　デザイン思考の実践方法

　本当の課題やニーズを見きわめ、解決に導くには、現場に入り込み、利用者の経験を追体験しながら、試行錯誤を繰り返していくことが必要です。デザイン思考では、行動観察や参与観察、プロトタイピングなどを繰り返しながら、柔軟に、テンポよく、本質的課題の探求とサービスの作りこみを行っていきます。実際にデザイン思考のアプローチで本格的なプロジェクトを組成し、運営していくためには、それなりにしっかりとした座組が必要となりますが、そこまでいかなくとも、利用者視点をデザイン思考によって体験する程度のことは誰にでも可能です。最近では、デザイン思考のワークショップが各地で行われています。こうした場に参加し、実際に"手"を動かしてワークを体験してみることは、自治体職員に自らの視野が持つバイアスの存在を実感できるという点だけ取っても価値があると考えます。これらは、座学では決して得られないものです。

　ただし、どんなワークショップでもいいわけではなく、それなりに

専門スキルと共感力を持ち併せた、力のあるファシリテーターがリードするイベントを選ぶことが望ましいです。デザイン思考と銘打ちつつ、手順どおりに作業を行わせるだけのワークショップに参加しても、あまり意味がありません。

Ⅳ　デジタル化の先にあるもの

　デザイン思考によって導き出される解決策は、デジタル化とはならない可能性も十二分にあります。結局、デジタル技術の活用も、デジタル化も、データ活用も、あくまで課題解決の手段の一つでしかないからです。

　例えば、ある行政サービスを案内するという場面を考えてみます。最も行政目線にあるのは自治体のウェブサイトによる情報発信です。そこでは行政が最も重要だと考えることを、その順に表示しています。利用者ニーズが観点として入り込む余地はほとんどありません。これに対し、チャットボットは、利用者の動線を予測しなければならないので、利用者側の目線に近づかざるを得なくなります。さらに、パーソナルアシスタントになれば、ほぼ完全に利用者視点に立つことになります。利用者が何かを意識する前に、何が必要かを予測し、提案しなければならないからです。そして、利用者視点の行き着く先は、そもそも案内の必要すらなくしてしまうことです（図表5-5-3）。例えばカナダでは、年金受給開始の申請手続きを不要としました。住民が該当年齢に達すると政府から送られてくる通知にオンラインで同意するだけで、受給が開始されます。[6]住民の年齢や受給資格などの情報はすべて行政が持っているのに、わざわざ申請させる必要はないはず、という発想です。これを実現するためにまず法改正を行い、組織内でデータ連携を行って実現にこぎ着けました。なお、カナダでの年

6　アレックス・ビネイのインタビュー「カナダ政府におけるデジタル改革」『行政＆情報システム』
　2018年4月号

金手続きのデジタル化率は100％にはなっていません。それは高齢者の中には、年金受給とは、長年税金や年金を真面目に納め、国や社会に尽くしてきたことに対して贈られる特別なサービスであり、自らの手で申請を行いたいと考える方が少なからずいるからです。カナダ政府としては、将来的には100％デジタル化を目指したいと考えつつも、こうした国民感情も尊重しています。住民にとっての本当の価値は何なのかを、考えさせてくれるエピソードだと思います。

図表5-5-3：行政目線と住民目線のサービス改革の視点の違い

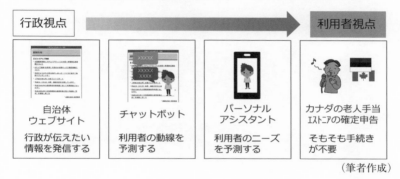

（筆者作成）

おわりに～デジタル時代に求められる人材とは

■デジタル技術がもたらす行政の変革

　デジタル技術はまだ不完全な道具でしかありません。活用できる範囲は、行政の領域の中のほんの一部分に過ぎず、本格的な効果が発現している例もまだ多くない、発展途上の技術群です。しかし、どのような技術も初めは同じような経過を辿っていました。パソコンが初めて登場したときも、インターネットが普及し始めたときも、多くの人々はその価値を理解できず、一部のマニアや先見の明のあるイノベーターのみが熱くなっていました。デジタル技術も、今そうした黎明期にあります。しかし、いずれ本格的な変化の波になっていくことは間違いありません。そうでなければ、世界で最も優れた頭脳を結集したグローバル企業が次々とAIをはじめとするデジタル技術に社運をかけて事業の舵を切るはずがありません。

　デジタル技術とこれまでのコンピュータやインターネットなどのICTとの違いについては、本書でも何度か述べてきましたが、最も大きな違いは、デジタル技術は情報部門主体の技術ではなく、すべての部門が主体となり得る技術であるということです。

　File 1.2でも述べたように、これまでのICTは行政の事務、あるいは行政と住民とのコミュニケーションの効率化を通じて業務・サービスを変えてきた技術でした。これに対し、デジタル技術は行政のあり方そのものを変えていきます。あるときは自動化という形で、あるときは、人間にできなかったことを実現する高度化という形で、それは実現しつつあります。

■デジタル時代に自治体職員に求められるもの

　こうした変化の中にあっては、自治体職員に求められる素養や教育訓練もまた変化していかざるを得ません。デジタル技術との関わり方はそれぞれの職責によって異なってきます。大きく次の3層に分けて

考えることが必要となってくるでしょう（図表6）。

図表6：3層でのデジタル人材育成・確保

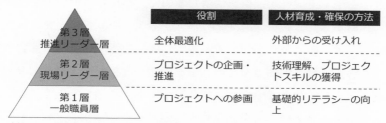

	役割	人材育成・確保の方法
第3層 推進リーダー層	全体最適化	外部からの受け入れ
第2層 現場リーダー層	プロジェクトの企画・推進	技術理解、プロジェクトスキルの獲得
第1層 一般職員層	プロジェクトへの参画	基礎的リテラシーの向上

（出典：拙稿『月刊 J-LIS』2020年3月号連載「月の歩み」を元に筆者作成）

第1層：一般職員層（全職員）

　すべての部門にデジタル技術が波及し得る以上、すべての職員がデジタル技術についての基礎知識を備えておくべきです。これからはすべての職員がデジタル技術で新たなサービスや事業、業務方式を生み出すチャンスを手にします。他方で、デジタル技術に関してまったく知識のない職員が職場にいると、それだけでデジタル化に向けた取組みの足かせとなります。人は誰しも、自分が理解できない何者かに、自らの領域に踏み込まれることを嫌うからです。

　いざデジタル技術を導入する場面に至ってから、関係者のみ泥縄式に教育するのではなく、あらかじめすべての職員にデジタル技術の意義、概要、用途、主要事例、導入方法や効果に関する知識を一通り身に付けてもらうのが望ましいでしょう。最新のトレンドを追う必要はありません。本書で述べてきたような、デジタル技術の基本にかかわる知識を身に付けるだけで十分です。物事の本質は一度つかめば、その後も自らの知識のネットワークの中に残り続けます。

第2層：現場リーダー層

　デジタル技術活用のプロジェクトには、それを牽引するリーダーが

必要です。そのリーダーは、基礎知識を持っているだけでは、プロジェクトを的確に主導することは困難です。実際に業務やサービスの改革を進める中でデジタル技術を活用していくためには、デジタル技術の導入に関する実践的な知識やノウハウが必要となります。すなわち導入に当たっての課題や陥りやすい落とし穴、注意すべき点、課題の解決方法、主要製品の知識などの知識を備えるとともに、課題を発見・定義するデザイン思考の視点、プロジェクトを推進していくプロジェクトマネジメントのスキルも最低限、必要となるでしょう。これらはある程度、体系的な研修メニューとして提供するのが効果的です。こうした知識とスキルを身に付けるには、2日程度は必要と考えます。理想的には数か月間、実際のプロジェクトに携わりながら専門家が伴走し、定期的にサポートを受けるのが望ましいと考えます。

第3層：推進リーダー層

　デジタル技術の導入には、個々の部門が主導すべき領域と、組織全体として戦略的に取り組むべき領域の2つがあります。後者では中長期的かつ組織全体の視点に立って、デジタル技術とその"元手"となるデータの活用を支えるインフラの整備、そのためのデータやソフトウェアの標準化、そして、第1層、第2層の職員の教育訓練を含めた人材の育成・確保といった施策を計画的に進めていかなくてはなりません。これはデジタル技術に関する知識や経験を持たない一般の自治体職員には荷の重い仕事です。少数精鋭でいいので、外部の専門家との協力体制を作り、指導や助言を仰ぐことが必要になるでしょう。前章で触れたインドのインディア・スタックの構想を作ったのは、無償のボランティアとして一肌脱いだ、インドのトップクラスのエンジニア達でした。そこまでのレベルの人材である必要はありませんが、自治体全体のデジタル・インフラを構想できる外部人材の協力を得ることは不可欠でしょう。

以上の３層の観点で人材を育成・確保していくことがデジタル技術活用を進めるにあたり欠かせない要件となってきます。そして、こうした方向での人材育成が進めば、組織にとって強力な知的インフラになっていきます。これからの自治体改革において、デジタル技術と無縁で済む領域など存在しなくなることは明らかだからです。

■デジタル技術は行政に希望をもたらす

　筆者が講師を行っている自治体向けのデジタル技術やデータ活用の研修には、自治体の企画部門や情報部門、窓口部門、現業部門に至るあらゆる部門の職員が参加します。そこでアイデア創発のワークショップを行うと、非常に斬新かつ実用性の高いアイデアが次々に生み出されます。こうした光景を目にするにつけて、現場には実に様々な課題と、それを解決に導くためのアイデアの種が眠っていると感じます。しかし、残念ながら、その多くは日の目を見ることはありません。こうしたアイデアが活用され、その成果を多くの自治体が共有し合うようになれば、行政というフィールドは非常に夢のある実験場になり得ると感じています。これからの自治体職員の皆様の奮起と活躍を心から期待するとともに、微力ながらそうした試みを応援し続けていきたいと考えています。

File7

用語集

用 語 集

名　称	説　明	本書の該当箇所
	【日本語五十音順】	
アクチュエータ	コンピュータからの指示に基づき動作する機構。周囲にプッシュ通知などの働きかけを行う、センサーと並ぶ IoT 機器の役割の一部。	File 1.6
学習済みモデル	機械学習によって作成する、データから識別や予測の結果を導出するための仕組み。	File 1.3
機械学習	大量のデータに内在するパターンや傾向から、識別や予測などの判断結果を導出する手法。	File 1.3
クラウドサービス	事業者が保有するコンピュータの一部を、インターネット経由で利用するサービス。	File 1.10
市民通報システム	道路の損傷や公共設置物の破損などの街の問題を、アプリを通じて行政に通報する仕組み。	File 1.7
深層学習（ディープラーニング）	機械学習の一種。特徴点（量）を自動的に抽出することで判断に係る精度と学習の効率性を飛躍的に高めることができる。	File 1.3
自動運転	機械が自律的に車両の走行を支援又は代行する技術。運転操作のサポートを行うレベル 1 から、場所を問わずシステムが操作を完結して行うレベル 5 まで様々な段階がある。	File 1.5
数理手法	意思決定に役立つ最適解を数学的に導出する手法。	File 3.5
世界最先端デジタル国家創造宣言・官民データ活用推進基本計画	国の IT 戦略。ただし、毎年全面改定されるので、実質的には、政府の取組みの年間計画に近い。	―
センサー	外界の変化を検知するため周囲のデータを収集する機器。アクチュエータと並ぶ IoT 機器の役割の一部。	File 1.6
データマネジメント	データをサービスや業務の効率化、高度化のために活用できる状態で維持し、継続的に改善していく組織的活動。	File 5.4
テキストマイニング	文を、意味を持つ最小単位である形態素まで分解し、その品詞等を判別する形態素解析等を行ったのちに、語の出現頻度や係り受け関係、共起関係等を解析し、有用な情報を抽出する技術。	File 4.2

デザイン思考	サービスを利用する際の利用者の一連の行動に着目し、サービス全体を設計する考え方。	File 5.5
デジタル化	業務・サービスのプロセスのデジタル化とデジタル技術の活用を含む活動全体の総称。	File 5.3
デジタル技術	原義は、デジタルデータ（機械で処理する形式のデータ）を処理する技術。本書では、デジタルデータの処理を通じて、新たな付加価値を生み出す技術。	File 1.2
デジタル手続法	情報通信技術を活用した行政の推進等に関する法律。2019 年 5 月公布・同年 12 月施行。行政のデジタル化の方向性を示した一種の理念法。	—
ドローン	無人航空機。回転翼型の機体だけでなく、有翼の機体、さらには海上を航行する船舶型、水中を移動する潜水型まで様々な種類が登場している。	File 4.4
ナッジ	人を強制によってではなく、自発的に行動を起こすように nudge する（ひじでそっと突く）手法。行動経済学などの一領域として発展しており、政府でも政策への導入が進められている。	File 3.5
パーソナルデータ	個人情報（個人を識別できる情報）を含む、個人の属性や行動履歴などのデータ。	—
ビッグデータ	個人のパソコンでは処理しきれないほどの大規模なデータ。①データの量、②処理速度、③種類や処理方法の多様性と複雑性を備えたデータと捉える向きもある。	File 1.10
ブロックチェーン	暗号技術と分散管理技術を組み合わせることで、記録の真正性を担保する仕組み。	File 1.9
マクロ機能	Microsoft Excel 上で作動するパソコン等の端末操作の自動化機能。	File 1.4
予測モデル	入力値に対する予測結果を出力する仕組み。回帰分析における回帰式や機械学習における学習済みモデルがこれに該当する。	File 3.5
ルールベース型 AI	人間が設定した判断基準とシナリオに基づいて、知識や情報を引き出す仕組み。	File 1.3
ロボット	能動的かつ自律的に動作を行う機械。産業用ロボットから、人に寄り添うサービスロボットに至るまで様々なバリエーションがある。	File 1.5
ロボティクス	ロボットを動作させる技術群の総称。本書では、自動運転／運航技術も含める。	File 1.5

	【英語アルファベット・数字順】	
AI（人工知能）技術	人間と同等以上の精度で、識別や予測等の判断を代行又は支援する技術。 （参考：官民データ活用推進基本法第2条第2項の定義）人工的な方法による(a)学習、推論、判断等の知的な機能の実現及び(b)人工的な方法により実現した当該機能の活用に関する技術	File 1.3
AI-OCR（AI機能付光学文字読取）	文字認識のAIを組み込むことで高い認識精度を備えたOCR（光学文字読取装置）。	File 2.3
API	アプリケーション・プログラミング・インターフェース。一定の形式でリクエストを送ると機械的に処理が行われ、結果が返される仕組み。	File 1.10
AR（拡張現実）/ VR（仮想現実）	仮想空間でのコンテンツ提供を通じて、現実空間だけでは得られないような豊かな体験と情報を利用者に提供する仕組み。	File 1.8
EBPM（エビデンスに基づく政策立案）	政策や施策の立案における判断を合理的根拠（エビデンス）に基づいて行うこと。（注：ここでいうエビデンスとは、判断結果を説明するための根拠ではなく、判断そのものを行うための根拠）	―
ICT（情報通信技術）	情報／データをコンピュータやネットワークを使って処理する技術。	File 1.2
（国の）IT戦略	世界最先端デジタル国家創造宣言・官民データ活用推進基本計画の通称。	―
IoT（インターネット・オブ・シングス）	インターネットとセンサーなどの機器を組み合わせて課題解決に役立つ機能を発現させる仕組み。	File 1.6
IoT機器	インターネットとともにIoTの一部を構成する機器類。センサーとしての機能とアクチュエータとしての機能のいずれか又は両者を備える。	File 1.6
LGWAN-ASPサービス	LGWAN上で、ネットワーク経由で提供されるウェブサービス。J-LISのLGWAN-ASPサービスリストから選択することとなる。	―
MaaS（Mobility as a Service）	サービスとしてのモビリティ。バス、タクシー、電車なども含めた移動手段を組み合わせて一つのサービスとして提供しようとする考え方。	File 4.4
RPA（ロボティック・プロセス・オートメーション）	ソフトウェアロボットによる業務プロセスの自動化。パソコン等の端末上での人の動作手順をそのまま再現することで、定型的な反復作業を自動化する。	File 1.4

SNS（ソーシャルネットワーキングサービス）	双方向のコミュニケーション及びそれを基盤とした仮想的なコミュニティ形成を可能とするサービス	File 1.7
5 G	4 Gに次ぐ第五世代の移動通信システム。高速・大容量、低遅延、多数端末との接続という特徴を持ち、遠隔地で大量のデータを駆使するデジタルサービスでの活用が期待される（IoT、AR/VR等）。	―

あとがき

　本書制作中にCOVID-19による我が国史上初の緊急事態宣言が発令されました。タイミングの問題で、本書では詳しく述べることはできませんでしたが、今の状況下で、デジタル技術に最も期待される役割は、次の3つであろうと考えます。

　第一に、コミュニケーションの断絶を補完するウェブ会議システム

　第二に、利用者の安全確保のために機能するモバイルアプリ

　第三に、政策判断を精緻にするビッグデータ分析

　機会があれば、これらのテーマも深掘りしたいと考えています。実は一つ目のテーマについては、『月刊J-LIS』2020年5月号の連載記事でも取り上げています。本書と併せて、自治体がこの危機を乗り越えていくためのささやかな一助になればと願う次第です。

　最後に、毎週の情報共有ミーティングを通じて、最新動向のキャッチアップと様々な気付きの機会を与えてくれた行政情報システム研究所の同僚の皆さん、事例の紹介や情報提供に日頃、理解と協力をいただいている同研究所会員企業の皆様、セミナーや研修会、ヒアリングを始めとする様々な場で情報交換や意見交換、質疑応答などを通じて、デジタル化に係る自治体課題への洞察を深める機会を与えてくださった自治体及び関連団体の皆様、特に、本書の原型となる調査研究に参画する機会を与えてくださった（公財）東京市町村自治調査会の皆様、そして週末の多忙・不在を許し、理解し、応援してくれた家族に心からの謝意を述べたいと思います。ありがとうございました。

2020年5月

筆　者

［著者紹介］

狩野　英司

一般社団法人　行政情報システム研究所　主席研究員
中央官庁、大手シンクタンク、大手メーカーを経て現職。行政の
デジタル化に関する調査研究、業務改革、システム構築に、ユー
ザー／コンサルタントの両方の立場で携わる。「月刊 J-LIS」ほか
専門誌への寄稿、政府・自治体・企業等への講演・講義等多数。
筑波大学大学院ビジネス科学研究科修了。

自治体職員のための
入門 デジタル技術活用法

令和 2 年 6 月25日　第 1 刷発行

　　　著　者　　狩野　英司

　　　発　行　　株式会社ぎょうせい

　　　〒136-8575　東京都江東区新木場 1 - 18 - 11
　　　　　　　　　　電話　編集　03 - 6892 - 6508
　　　　　　　　　　　　　営業　03 - 6892 - 6666
　　　　　　　　　　フリーコール　0120 - 953 - 431

〈検印省略〉

　　　　　　　　　　　　URL:https://gyosei.jp

印刷　ぎょうせいデジタル㈱　　　　　Ⓒ2020 Printed in Japan
※乱丁・落丁本はお取り替えいたします。

ISBN978 - 4 - 324 - 10820 - 8
(5108614 - 00 - 000)
〔略号：デジタル技術〕